新时代教育高质量发展书系
XINSHIDAIJIAOYUGAOZHILIANGFAZHANSHUXI

因材施教

更好的方法教学生

李　伟◎著

中国大百科全书出版社　　知识出版社

图书在版编目（CIP）数据

因材施教 ：更好的方法教学生 / 李伟著. -- 北京 ：
知识出版社，2020.5
（新时代教育高质量发展书系）
ISBN 978-7-5215-0122-3

Ⅰ．①因… Ⅱ．①李… Ⅲ．①中学教育— 教育研究
Ⅳ．①G632.0

中国版本图书馆CIP数据核字 (2020) 第015464号

因材施教：更好的方法教学生　　李　伟　著

出 版 人	姜钦云
出版统筹	张京涛
产品经理	郭文婷
责任编辑	易晓燕
特约编辑	庞冬冬
装帧设计	肖国旺
出版发行	知识出版社
地　　址	北京市西城区阜成门北大街 17 号
邮　　编	100037
电　　话	010-88390659
印　　刷	北京一鑫印务有限责任公司
开　　本	710mm×1000mm 1/16
印　　张	14
字　　数	169 千字
版　　次	2020 年 5 月第 1 版
印　　次	2023 年 3 月第 7 次印刷
书　　号	ISBN 978-7-5215-0122-3

定　　价　　40.00 元

序

　　教育是关乎千家万户的事业，任何一个社会，都需要教育思想的引领。时代在变，教育也在变。然而，变中也有"不变"，所以，我们要对教育进行哲学的思考，只有搞清楚了哪些需要变，哪些不能变，才能真正做好教育。而教育的本质是什么，什么是好的教育，理想的教育是什么样的，这些最基本的教育问题应是教育哲学思考的源头。只有弄清楚这些最基本的问题，我们才能找到正确的方向，办出有质量的教育。

　　教育是培养人的事业，是一个通过培养人让人类不断走向崇高、生活更加美好的事业。因此，教育最重要的任务是塑造美好的人性，培养美好的人格，使学生拥有美好的人生。如何达成这样的目标？那就需要一批有理想、有情怀、有追求、有实干精神的校长和教师，用自己的青春和智慧去践行。而在现实中，也确实有这样一群人，他们热爱教育事业，关爱每一个学生，一步一个脚印，用脚去丈量教育，用心去感受教育，用智慧去点亮教育。

　　如何将这样一群人聚在一起，用他们的智慧去影响更多的教师？

　　中国大百科全书出版社、知识出版社策划出版了"新时代教育高质量发展书系"，进行了可贵的探索。他们在全国范围内汇聚了60名优秀的教育工作者，这些教育工作者大多是扎根教育一线的优秀校长和教师。书中的经验、实践、体会和思想，既有教学的艺术，也有管理的智慧；既有育人的技巧，也有师德的弘扬；既有教师的发展思考，也有校长的成长感悟；既有师生关系的融通之术，也有家校关系的弥合之道。60本书，60个点，每一个点都是一门学问，一门艺术。

我今年给"新教育"的同人写过一封新年信，题目是"让教育沐浴人性的光辉"，从三个方面对教师的工作提出了建议。我也把这三条建议送给这套丛书的作者和读者朋友。

一是要善待我们自己。要珍惜时间，张弛有度，让人生丰盈；发现教师职业魅力，做一个善于享受教育生活的人；培养健康的爱好，做一个有生活情趣的人；与学生一起成长，做一个在教育过程中不断进取的人；不断挑战自我的最高峰，做一个创造自己生命传奇的人。

二是要善待学生。要把学生作为一个真正的人看待，让学生能够张扬自己的个性，发挥自己的潜能，成为更好的自己。在我们教室里的学生，首先是活生生的生命。我们应该从生命的角度考虑，首先是如何帮助他成为一个人，一个有理想、有激情、有智慧的人，一个能够适应社会并且受人欢迎的人，一个挖掘自身潜能、张扬不同个性的人。

三是要把教育的温暖传递给社会。许多问题，归根结底是教育的问题。尽管我们任何一个人，作为个体的力量都是有限的，但是，再渺小的个体，也能够温暖身边的人。所以，我们要让所有和我们相遇的人，都能够感受到我们的美好和温暖，这也是让人与人之间，让全社会变得更美好、更温暖的有效方式。

有人性的人是明亮的，有人性的教育是光明的。让教育沐浴人性的光辉，我们的今天将会更加幸福，我们的明天将会更加美好，我们的世界将会因此璀璨。

是以为序。

朱永新

2020 年 5 月 1 日

目　录

第 一 章

因材施教的基本概述

第一节　因材施教的渊源、困惑与压力

众所周知，因材施教是一个重要的教学原则和方式。这项原则是根据学生的个人特征、接受能力和兴趣爱好，有针对性地对其进行培养和教育。在教学中，教师根据每个学生的认知水平、学习能力和个人素质，选择适合每个学生特点的学习方法，进行有针对性的教育，充分发挥学生的优势，弥补学生的不足，激发学生的学习兴趣，树立学生对学习的信心，从而促进学生的全面发展。

孔子在长期的教学实践中创造出了这个原则和方法，宋代的朱熹概括为"孔子教人，各因其材"，后人简称为"因材施教"。孔子对他所教的学生有着深刻的了解，如"柴也愚，参也鲁，师也辟，由也喭"，所以孔子在教学实践中，能够有针对性地给予指导和教育。

有一次，子路问孔子："听到了就该行动吗？"孔子说："有父兄在，怎么能一听到就擅自行动呢？"

冉有问孔子："听到了就该行动吗？"孔子说："听到了就行动。"

公西华说："仲由问，'听到了就该行动吗？'您说'有父兄在'；冉求问，'听到了就该行动吗？'您说'听到了就行动'。我对此迷惑不解，大胆地来问问。"孔子说："冉求容易退缩，所以要鼓励他。仲由敢作敢为，但不够稳重，所以要限制他。"

上面是孔子因材施教的一个具体事例。孔子因材施教还体现在启发式的教学方法上。孔子说："不愤不启，不悱不发。举一隅不以三隅反，则不复也。"

春秋战国时期，百家争鸣，除了孔子的教学理念之外，墨子主张"量力而至""深其深，浅其浅"，使学生"浅者求浅，深者求深"。孟子则希望"得天下英才而教育之"。

教育发展到今天，受教育者数以千万计。面向全体学生，统一的教材难度，统一的教学要求，统一的教学进度，使因材施教的教育方法很难施行。对那些接受能力差、跟不上学业的学生，教师常常感到爱莫能助，困惑不已；而统一的评估方法，统一的考核标准，校内校外、横向纵向的成绩比较，使教师只能就高不就低，甚至拔苗助长。因材施教也难以实施。

尽管如此，教师不会等待。在某一个班，某一个教学章节，某一个教学环节上，还是可以尝试因材施教的教学方法，从而促进教育教学质量的普遍提高。

第二节　从《论语》看孔子因材施教的教学思想

我国古代伟大的教育家孔子，他培养出三千弟子，其中有七十二位贤才。这样令人称羡的光辉业绩，除了他本人具备良好的素质外，主要得益于他因材施教的教学思想。因此，我们可以深入钻研《论语》，分析其教学理念，探讨其具体做法，然后运用于我们的工作中。

一、关注兴趣，分层优化

孔子对这一问题的认识是相当高明的，他明确提出自己的主张："中人以上，可以语上也。中人以下，不可以语上也。"那么，在学习上，何者为"中人以上"，何者为"中人以下"？孔子又说："知之者不如好之者，好之者不如乐之者。"看来，应以兴趣为区别其层次之第一要素，而知识结构、认识水平等为次。通过这样的区分，学生的兴趣、爱好、才情等的不同就相对符合他受教育的实际情况，更便于从不同层次、不同角度对他进行教育，更易最经济地发挥教育之优势，收到更好的教育效果。这种做法，远比一刀切的教育更适于学生能力的发展和提高。

关于兴趣之于学习的重要性，有一句老话：你能管住他的身，可你管不住他的心。只要他感兴趣，你就阻止不了他去关心、去投入。反过来，如果他没有兴趣，你无论付出多大的努力，他都会"身在曹营心在汉"。可见，兴趣是教育成功的重要条件。有兴趣，就会全身心投入，再苦再累也心甘情愿。因为愿意，所以通过勤奋就会做出惊人的成绩。而没有兴趣，就容易倦怠、松懈。虽然事情可能也会做得不错，但总归平庸，要想有所建树或出类拔萃，近乎不可能。也就是说，只有在以兴趣为动力的条件下，才谈得上教育的效果。可见，兴趣之于教育，正如水之源，木之本。这就启示我们，作为教师，关注学生的兴趣、调动和培养学生的兴趣、引导学生顺着兴趣发展，远比逼着学生去做的效果要好得多。从这个意义上讲，与其说教师是园丁，不如说他是独具慧眼的伯乐。

二、抓住特征，对症下药

对不同的受教者进行不同的教育，这是孔子因材施教教学思想的精髓，也是这一思想得以落实的保障。它既应成为我们实施素质教育的特质，也应该是学生才能有效培养的捷径。在此问题上，孔子的教育方法给我们做出了很好的示范。具体表现在对同一问题的回答能做到因人而异：

子张问政。子曰："居之无倦，行之以忠。"

子路问政。子曰："先之，劳之。"请益。曰："无倦。"

子夏为莒父宰，问政。子曰："无欲速，无见小利。欲速则不达，见小利则大事不成。"

仲弓为季氏宰，问政。子曰："先有司，赦小过，举贤才。"曰："焉知贤才而举之？"子曰："举尔所知。尔所不知，人其舍诸？"

子贡问政。子曰："足食，足兵，民信之矣。"子贡曰："必不得已而去，于斯三者何先？"曰："去兵。"子贡曰："必不得已而去，于斯二者何先？"曰："去食。自古皆有死，民无信不立。"

同是问政，不同的学生得到的回答也各不相同，这主要视对象的具体情况而定：子张给孔子的印象是"师也辟"，即习于容止、缺少诚实，有点好高骛远，故孔子要他尽心竭力、脚踏实地；子路心浮气躁，做事缺乏耐心，爱指手画脚，因此被告之要以身先之、以身劳之；子夏注重实践，做事脚踏实地，喜欢从小事着手，而也容易为小事所蒙蔽，故而孔子告诫他要着眼长远；仲弓以德行著称，孔子曾赞之曰"雍也可使南面"，是为政的适当人选，故孔子从表率、宽容、荐贤等方面开导他；子贡自恃才高，徒事高远而务本不足，故孔子启发他要务本……

类似的孔子跟弟子的答问，在《论语》中俯拾皆是。这就要求我们在施教时要充分了解受教者多方面的情况，尽量对其特点了然于胸。因此，我们必须了解学生的态度。在学习问题上，态度是至关重要的，它与学生的兴趣密切相关。教师的任务就是在关注学生兴趣的前提下，使他们端正态度，养成良好的学习习惯。因此，孔子才说："自行束脩以上，吾未尝无诲焉。""不曰'如之何、如之何'者，吾未如之何也已矣。"没有兴趣的勤奋是不会长久的，没有端正的态度是不可能有所成就的。颜渊好学而不惰，故孔子多次褒奖，以使其百尺竿头，更进一步；子路上进而性格粗俗，故孔子褒贬双管齐下，以激励鞭策；子贡聪敏可"不受命而货殖焉"，又巧言善辩、喜爱"方人"，故孔子贬之有加，以使归正道……这些措施，都以各自对学习的态度为准绳，可谓恰到好处。学生的性格各不相同，对他们的教育也必须考虑这一因素，即到什么山唱什么歌。不然，事倍功半，收效甚微。

同样的问题，不同的人对其理解各不相同。即使是同一个人，在不同时期对问题的理解也不完全相同。这就要求教师在施教时能充分考虑这一因素，不能千篇一律。对此，孔子早有深刻认识，也正是抓住了各人的差异，才会有"德行：颜渊，闵子骞，冉伯牛，仲弓。言语：宰我，子贡。政事：冉有，季路。文学：子游，子夏"。可以想见，假如孔子不考虑这一因素而一味求同，其弟子的成就一定会大大缩水，绝不会如此异彩纷呈。而同一个人的同一问题在不同时期的回答也不尽相同。

樊迟问知。子曰："务民之义，敬鬼神而远之，可谓知矣。"问仁。曰："仁者先难而后获，可谓仁矣。"

樊迟问仁。子曰："爱人。"问知，子曰："知人。"樊迟未达。子曰："举直错诸枉，能使枉者直。"樊迟退，见子夏曰："乡也吾见于夫子而问知，子曰：举直错诸枉，能使枉者直。何谓也？"子夏曰："富哉言乎！舜有天下，选于众，举皋陶，不仁者远矣。汤有天下，选于众，举伊尹，不仁者远矣。"

樊迟问仁，子曰："居处恭，执事敬，与人忠，虽之夷狄，不可弃也。"

樊迟性愚，三次问仁，得到的回答各有侧重：或让他发挥优势，先劳后得；或让他宽厚仁慈，体恤百姓；或让他有始有终，美德不离身……这无疑有利于他对"仁"这一抽象概念循序渐进的理解，使他一步一步地向这一境界迈进。

三、注意方法，扬长避短

因材施教的核心是在发现其兴趣、优势后正确引导，扬长避短。顺着"长"发展下去，其能力就会得到很好的展示。由于每个人的"长""短"不一，因此，他们绝不可能成为同一类型的人才。俗话说："三百六十行，行行出状元。"因此，教师的学问就是抑扬之学，这点，《论语》给我们提供了许多生动的个案。

子路是孔子很喜爱的一名学生，他生性鄙俗，崇尚武力，但品行优良，诚心向善，孔子便从多方面对他加以引导、感化。

子曰："由之瑟奚为于丘之门？"门人不敬子路。子曰："由也升堂矣，未入于室也。"

尚武之人，其乐自然会流露出刚勇之气，孔子本想借对其瑟之否定来诱使其由武向文过渡，孰料带来的是弟子们对子路的疏远和歧视，可以肯定，子路定会愤然，或弃而不学，或自卑而退缩。在此情况下，孔子以"升堂"褒其成就，以"未入于室"指出其症结，扬之以增强自信，抑之以导其归正，既是激励，也是委婉的劝谕，可谓用心良苦。

子曰："衣敝缊袍，与衣狐貉者立，而不耻者，其由也与？不忮不求，何用不臧？"子路终身诵之。子曰："是道也，何足以臧！"

贫而无谄，为君子之道，自应褒扬，但如以此而得意，则有损于此道，故孔子以此告诫子路：要发扬光大自己的美德，别沾沾自喜，止步不前。孔子对子路的教育，除了体现在"扬"其优点外，在更多的情况下是"抑"——对其"鲁"的抑。

子曰："道不行，乘桴浮于海，从我者其由与？"子路闻之喜。子曰："由也好勇过我，无所取材。"

这章涉及两个内容：一个是"义"，一个是"勇"。孔子曾说过"君子有勇而无义为乱"，可见本章中，孔子正是从子路的性格特征出发，嘉其义而抑其勇。

子谓颜渊曰："用之则行，舍之则藏，惟我与尔有是夫。"

子路曰："子行三军，则谁与？"子曰："暴虎冯河，死而无悔者，吾不与也。必也临事而惧，好谋而成者也。"

本章借对颜渊的肯定为诸弟子树立榜样，由于子路爱出风头，不甘寂寞，想在此转移话题，以得到夫子的赏识。孔子便抓住这一有利时机，对子路的学习重点进行引导：要重智轻力、小心谨慎，不可鲁莽行事。

四、讲求实效，敢于放弃

由于教师对学生个性的了解不一定是完全准确的，即使比较准确，有时也会由于各种原因，使教学达不到预期效果。因此，教师要随时注意检测其教学情况。不然，教师的积极性再高，也不一定会有收获。

教学的本质在于培养学生的能力，进而使他们养成自主学习、分析、解决问题的能力。因此，教师在教育过程中，特别是在教学内容上，一定要学会放弃，避免做无效劳动，而不能采用简单机械的重复，力求使学生"掌握"。自然，这种方法在个别问题的理解上是有益的，但从培养学生的良好习惯和实际能力这个大目标来说，它是非常有害的，甚至是扼杀学生能力培养的大敌。因为这样做的直接后果是加大了学生的依赖性，使学生养成了被动学习或受强制学习的习惯，由此而产生厌学、惧学的情绪。在目的明确的情况下，教学的手段、方法、内容可不拘一格，无论做怎样的探索都是有益的；而目的不明，为教学而教学的短视行为必须加以制止，孔子所说的"有教无类"，讲的就是这个道理。需要说明的是，"有教无类"固然可解释为所有的人都可以接受教育，但它更确切的含义应该是：为了达到教育目的，可以采用任何适于教育的方法和内容。只要目的不变，只要有助于此目的的实现，无论什么方法，都应视为切实可行的，而不必拘泥一些具体的形式。从孔子跟弟子的谈话中可以看出，孔子是很注意这方面的问题的，而他教育的方法也是生动活泼、耐人寻味的。在这些方法中，有切中肯綮的个别提醒：子谓子夏曰："女为君子儒，无为小人儒。"有特定情境的现场启发：子之武城，闻弦歌之声。夫子莞尔而笑，曰："割鸡焉用牛刀？"子游对曰："昔者偃也闻诸夫子曰：'君子学道则爱人，小人学道则易使也。'"子曰："二三子！偃之言是也。前言戏之耳。"有榜样力量的感召：子谓子贡曰："女与回也孰愈？"对曰："赐也何敢望回？回也闻一以知十，赐也闻一以知二。"子曰："弗如也，吾与女弗如也。"有循循善诱的教谕，有苦口婆心的劝导，有主动提问，也有因问而答……但这一切手段，均殊途同归于其目标——培养弟子高尚的人格和服务社会的能力，子曰："诵《诗》三百，授之以政，不达；使于四方，不能专对；虽多，亦奚以为？"可以看出，孔子教育始终围绕服务实践、服务社会这一根本目标来进行，也由此决定了其弟子的出类拔萃。试想，假如其弟子只钻在书本中，只顾修养自身而不服务社会，其成就会得到后世的称颂吗？理论再好，也须经实践的检验，而理论也只有在实践的验证下才会趋于完美，才会产生无穷的魅力。

子曰："志于道，据于德，依于仁，游于艺。"这里，所本之物为"道""德""仁"，所载之体为"艺"。排除时代因素中具体内涵的差异，其实质与我们如今提倡的素质教育是一脉相承的，由此可以看出孔子教育思想乃至道德力量恒久的生命力，确实值得我们认真探讨和深刻反思。可以肯定，因材施教是一种已被教育的发展所证明的近乎真理的教学方法，是一种近乎完美的教学理念。

因此，对孔子教学思想进行扬弃，既是我们这些后学者的义务，也是历史赋予我们的使命，我们理应勇敢地承担起这个责任，使其在新的历史条件下发扬光大，从而更好地为我们的社会造就出更为杰出的建设者。

第三节　因材施教的基本要求与应用

一、因材施教基本要求

（一）根据学生特点进行有区别的教学

了解学生的个人特征是搞好因材施教的基础。教师需要了解每个学生的发展特点，各学科的学习状况、兴趣、爱好和不足之处，然后有目的地因材施教。对语言表述缺乏条理的学生，要多让他们在课堂上做复述和发言；对能力较强而态度马虎的学生，要严格要求他们注意精益求精；对不爱动脑的学生，要激励他们积极进行思考，勇于回答问题和进行争辩；对注意力不集中、学习不专心的学生，要多关注、提醒、提问，培养他们的自控能力；对学习感到很困难的学生，要加强辅导，增加课业。

（二）采取有效措施，确保学生的才能得到充分发展

当前的课程注重面向全体，通常难于照顾到学生的特点，使许多学生的才能发展受到局限。而现代科技的发展、国际上各个领域的竞争加强，都要求学校教学注重从小培养有特殊才能的人。因此，现代教学要重视探索和采用一些特殊措施或制度，以保证早出人才、快出人才。如，对有特殊才能的学生，请有关学科的教师对其进行特殊的指导和培养；让他们参加一些有关的课外小组和校外活动、有关的竞赛；开设一些选修课以照顾学生的兴趣与爱好，使他们的才能获得充分的发展。

二、因材施教在教育实践中的运用

因材施教的教育原则对于现今的教育教学实践仍然起着重要的指导作用。它要求教师在充分了解学生的个性特点和个性差异以及智力水平、接受能力、学习态度等基础之上，从实际出发，有针对性地教学，使每个人的才能品行都得到发展。

（一）尊重孩子的智能差异，促进个体的最充分发展

美国心理学家霍华德·加德纳博士指出，人类的智能是多元化而非单一的，主要是由语言智能、数学逻辑智能、空间智能、身体运动智能、音乐智能、人际智能、自我认知智能、自然认知智能八项组成，每个人都拥有不同的智能优势组合。

多元智能理论告诉我们，每个人与生俱来就拥有多种智能，由于受先天因素和后天环境、教育的影响，每个人表现出的智能强项和弱项不同。因此，从因材施教的原则出发，我们要尊重学生智能之间的差异，在教育教学中要善于发现学生的优势智能，并为学生提供优势智能的发展空间，促进学生的发展。

我班的许然擅长绘画、书法，于是我让她担任宣传委员，负责每一期的黑板报。她由当初只会在黑板上画画到现在图文并茂，由个人独自完成到组织同学合作完成，工作能力越来越强。

此外，我班的刘晖、汪思艺精于计算；程成、谷成昕、韩笑擅长写作；梁雅婷、王晶语言能力强，喜爱表演；许燕平、陶宇澄、高劲远、朱永超、桂媛体育好……了解了学生的优势特点，在教育教学中，教师有意识地进行培养并创造机会，如利用班会开展踢毽子、跳绳、朗诵等文体活动，举办写字、计算、知识问答等竞赛活动，利用班级墙报举行优秀作品展览，鼓励学生参加校内校外的各类竞赛等发展学生的优势智能。

一名学生的某种优势常常会表现得异常突出，其他方面的智

能不是不存在，而是以潜能的形态存在于他们的心灵之中。只要给予适当的鼓励、机会和教育，他们的潜能就会爆发出来。

纪光远同学开始在班级里表现不太突出，但因字写得好，在校写字比赛中获一等奖后，便像换了个人，上课积极发言，语文成绩不断提高，有几次测验还考了全班第一。

学生智能方面的差异，加上家庭因素、教育因素的影响，同一年龄层的孩子，就会出现认识水平有高有低、知识面有宽有窄、学习能力有强有弱的情况。虽然在课堂教学中，讲解的内容是相同的，但教师可以根据学生智力水平和知识水平的差异，对不同学生提出不同的要求，促进个体最充分的发展。

一次检查背书，我发现背不出来的同学有两类：一是有能力背，却偷懒不愿背的；二是确实背不出来的。我让他们留下来背，对第一类学生，要求他们背会了才可以走；对第二类学生，先让他们背，从中找出原因，再进行方法指导，然后宽限他们的时间，让他们第二天再来背。这样分类指导背诵，效果非常好。

课堂教学中，我也十分关注不同能力孩子的发展。其实，每个孩子都有表现的欲望。简单的问题，我常常交给学习能力弱的同学，如让他们当小老师带读生字，给生字组词，辨别形近字，朗读课文，在文中找出相关的句子等，帮助他们树立自信，提高学习兴趣。经常关注这些孩子还可以使他们更好地参与到课堂中来，即使遇到难度大的问题，他们也愿意挑战。比如，一次概括段意，一名学习能力较弱的同学，从前面发言者身上受到启发，准确地找到段落的中心句，并用自己的话概括出来。我立即给予了表扬。

对于有能力做得更好的同学，我常常会给他们提出更高的要求。比如，用文中的一些词语造句；说一个排比句、比喻句等。

正如陶行知所言"立脚点上求平等，于出头处谋自由"。教育应当让学生得到适合他自己的最好的发展。因此，遵循因材施教的原则，才能让教育真正发挥其作用。

（二）针对不同的个性特点，实施不同的教育策略

正如世界上没有两片相同的树叶一样，由于先天的遗传因素和后天所处的环境及所受的教育的不同，每个个体都具有不同的个性心理特征。如有的文静内向，有的活泼外向；有的胆小懦弱，有的胆大粗犷；有的做事积极主动，有的做事消极被动；有的勤奋，有的懒惰。在品行的培养上，因材施教的原则要求教师要针对学生不同的个性特点，采取适当的教育策略，这样才能收到良好的教育效果。

我班的彭永超，学习成绩优异，字写得工整漂亮，体育也很棒，可对待劳动的态度却很马虎，他扫地经常扫不干净。我发现了这个问题，便特意在他值日的时候，到班上监督他。他第一次扫过后，我把他没扫干净的地方指给他看，让他重扫。重扫之后，还有脏的地方，就再指给他看，再让他扫。最后我指着他扫干净的地面告诉他，这样才合格。受过几次监督后，彭永超对待劳动的态度越来越认真。

学生的个性特点的形成受多种因素的影响，且是一个长期的过程，现在仍处在发展变化中。教师在教育实践中，要善于观察、分析，与家庭相联系，充分了解学生的个性特点，在此基础上，有针对性地进行教育，才能发挥教育的作用，并使之朝着良性的方向发展。

王皓家里有一个身患残疾的姐姐，需要专人照顾，妈妈便专心照顾她，爸爸在外奔波忙碌。王皓从小跟爷爷奶奶生活，在爷爷奶奶的呵护下长大。爷爷非常看重王皓，送他学书法，因此，他的字写得很好，学习也不错。然而进入二年级后，王皓的脾气

越来越暴躁，时常与同学发生矛盾，不服从教师教育，和教师顶嘴。作业也常常拖拉，成绩下降。经了解，原来这是因为他的两个表弟的到来，让他性格上的缺点彻底暴露出来。两个表弟来我校上学后，因家住得远，中午便在外公家吃饭。一贯独享独占的王皓，习惯于把好吃的菜放在自己面前，习惯于自己独占电视，于是便和弟弟们有了矛盾，而大人们自然向着弟弟，多批评他。他和大人们顶嘴，趁大人不在，报复弟弟。大人气急后，打他，这又加深了矛盾，使他脾气更为暴躁。

了解了这些原因后，我先从思想根源入手，结合读书活动，推荐王皓读《爱的教育》这本书，让他感受到什么是爱，并学会爱身边的人。当他与同学发生矛盾时，我总是耐心地询问原因。我发现如果是同学的错，王皓总是情绪很激动，而如果是他的过错，他往往一言不发。于是我告诉他，如果是同学先惹了他，让他学会克制，报告教师，让教师处理。这样他就没有过错了。如果是他引发的矛盾，他就要承担责任。一次，他主动告诉我下课时丁伟打了他。我问："你还手了吗？"他说："没有。"我表扬了他，并在班会上，表扬了他的进步。我发现他到校比较早，就让他保管钥匙。他做这件事很负责，有时放学锁门，发现地没扫好，他就帮着一起扫。借这件事，我经常表扬他，同学们对王皓的印象也越来越好。

像王皓这样的性格并非一朝一夕形成，起初，他只跟爷爷奶奶在一起，并没引起大人们注意。待大人们发现后，教育方法过于简单、粗暴，所以导致王皓的脾气越来越坏。教师在教育的过程中，注重讲道理，做到让他心服口服，并注意抓住他的闪光点及时表扬，给予肯定，教育效果不错。其实家长平时多注意引导、少打骂、多教育，一定也会收到好的效果。

第四节　论因材施教及其对基础教育的启示

　　传统的因材施教观，提出了因材施教应当鉴别学生的认知水平和教学内容认知水平的观点。当运用因材施教去实施发展性教学的时候，这一历史悠久的教学原则仍然存在着很大的模糊性。例如，因材施教中"材"的确切含义是什么？如何准确地去确定学生"材"的水平？如何根据最近发展区理论去因材施教，从而促进学生的发展？所有这些问题，都涉及教育学理论的基本问题，非常值得去重新审视和认真研究。

一、因材施教的研究综述

　　通常认为，因材施教的"因"是根据的意思，"材"指学生的心理活动水平，"施"是实施，"教"则指教育教学工作。因此，因材施教即教师在教育教学中应当根据学生的心理活动水平来开展教育和教学工作，包括两层含义：了解学生的个别差异和根据差异对不同的学生实施不同的教育。

　　通过对上述因材施教的分析可知，我国教育学界对因材施教中"材"的理解仍然停留在学生的"实际"或"实际情况"的认识水平上，这显然是有所缺憾的。因为"实际"或"实际情况"是一个十分含糊的说法，很难在教育教学中加以把握，李秉德、李定仁主编的《教学论》一书显然注意到了这个问题。因此，对于如何确定学生的"材"，书中提出了如下主张："教师了解学生，主要是弄清每名学生的兴趣、爱好、性格特点、学习态度、知识基础、健康状况以及家庭、社会背景等，研究和了解的方式主要是通过课内外活动进行观察，也可通过对学生作业的分析，还可以通过与其他任课教师交谈以及家访等。随着教育理论与实践的不断深入，人们逐渐摸索到进行'教育会诊'是教师研究学生的一种较为先进、有效的方法。所谓'教育会诊'，指在教学过程中，教育理论工作者会同班主任、任课教师以及家长，运用教育科学理论，分析、研究学生的生理、心理特点，提出教育学生的具体方法。"

上述关于学生"材"的理解仍然是经验性的。因为采用观察、作业分析、与其他任课教师交谈以及家访等方法也还存在有较大的局限性，而且，在学校的教育教学中对每一名学生进行"教育会诊"，这种方法也仍然是经验性的。所以，对于如何科学、准确地确定学生"材"的水平并有针对性地进行因材施教和促进学生的发展，仍然需要继续研究。

在对因材施教的种种理解中，有一种观点值得重视："关于因材施教中的'材'，应做更为宽泛的理解，它不仅仅指教育教学的对象——学生，还应指'教学内容'，即根据不同教学内容的难易程度，统摄包容度及其他方面的性质，教授给相应的学生，并采用不同的教学方法。"这一观点虽是正确的，但仍存在模糊性。确切地说，因材施教中的"材"指学生时，是指学生的什么？教学内容的"材"的难易程度如何界定，两者如何比较？显然，这些问题至今尚未得到很好解决。

二、因材施教与促进学生的发展

学生是教育活动的主体，教育内容是教育活动的客体。因此，根据认知心理学的理论，因材施教原则中的"材"就应该包括主客体两方面的内容，即应该包括学生和教学内容，以便在教学过程中实现主客体在认知上的协调。唯有如此，才能实现真正意义上的因材施教。

从广义上来讲，因材施教原则中的"材"从主体方面考虑，应当既包括智力因素，又包括非智力因素；从狭义上讲，主要是指前者。这里着重从狭义上研究。

从教学的主体方面考虑，学生"材"的确切含义就是认知发展水平。

在心理学中，"认知"一直是一个广泛使用但又不确切的术语。美国心理学家约翰·豪斯顿归纳出认知的五种定义：

1. 认知即信息加工；

2. 认知即心理上的符号运算；

3. 认知即问题解决；

4. 认知即思维；

5. 认知是一组相关的心理活动，包括认识、知觉、记忆、判断、思维、推理、问题解决、学习、想象、概念化和使用语言等。

如何确定学生的认知发展水平呢？对此，可以借鉴瑞士心理学家皮亚杰的儿童认知发展阶段理论。

皮亚杰的儿童认知发展阶段理论，把儿童从出生到大约 16 岁划分为互相衔接的、顺序不变但特征各异的四个心理发展阶段，即感知运算阶段（0-2 岁）、前运算阶段（3-7 岁）、具体运算阶段（8-12 岁）、形式运算阶段（13-16 岁）。这四个阶段的主要标志是运算（认知）的高低不同，用运算来区分发展阶段是皮亚杰的创举。

考虑到学龄儿童的年龄范围，下面着重对具体运算阶段和形式运算阶段的特征加以讨论。

处于具体运算阶段的儿童，其运算一般还离不开具体事物的支持，运算还要依靠物体、事物和能观察到的实际事物来进行，不能依靠词语、假设来进行。只要问题是具体的而非抽象的，儿童可以完成相当复杂的运算，所以这一阶段称为具体运算阶段。

而处于形式运算阶段的儿童，其思维已能摆脱具体事物的束缚，把内容和形式区分开来并能进行假设、演绎推理，此外，处于形式运算阶段的儿童还能反省自己的思维。通过反省，个体能够寻找出结论中的矛盾性，比较各种解题方法的优劣，检查理论、模型或近似方法的局限性。

皮亚杰把具体运算阶段和形式运算阶段的特征具体化，进一步给出了具体运算模式和形式运算模式的类型。

皮亚杰的认知发展阶段理论在国际上获得了广泛的承认与赞同，但是，从连续性上考虑，四个阶段的划分粗糙了一些。心理学家胡安·帕斯奎尔·莱昂等人把皮亚杰的儿童认知发展阶段进一步划分出层次，并用"中心计算空间 M"来解释认知发展，认为"M 空间在个体正常发展中以定量增加"。M 空间被理解为 $e+k$，e 是指储存有关如何解决问题的一般知识的加工能力，k 是指储存有关解决问题及具体步骤的知识的能力，e 是不变的，但是 k 随着儿童年龄的增长而有所增加。

根据上述运算模式，就可以编制测试题，从而确定学生的认知水平。

有研究指出，在美国的学校中，只有 13.12% 的中学生、15% 的高中生和 22% 的大学生达到了形式运算水平。因此，促进学生的认知水平从具体运算阶段向形式运算阶段过渡就成为发展性教学的基本任务。

教育应当促进学生的发展，这是教育永恒的主题。而维果茨基的最近发展区理论则为促进学生的发展奠定了理论基础。

维果茨基认为，教学必须符合学生的年龄特征，必须以学生的成熟或准备性为基础，这是"可接受性原则"的基本要求。但在确定发展过程时，至少要了解学生的两种发展水平：第一种指学生目前已达到的发展水平，即学生在独立活动中达到的解决问题水平；第二种指学生现在仍处于形成的、正在发展的水平，即学生在教师的帮助下所达到的解决问题水平。所谓最近发展区是指两种水平之间的差距，维果茨基进而认为"教学应当走在发展的前面"，其含义是，教学的重要任务是创造最近发展区。这要求在教学中不仅能依据学生现有的认知水平进行教学，而且要预见学生今后的认知发展并有效地影响这种发展。问题在于，最近发展区理论在发展性教学中具有可操作性吗？

最近发展区理论在发展性教学中是具有可操作性的。通过将皮亚杰的认知发展阶段理论与维果茨基的最近发展区理论相结合，就可以比较准确地确定学生现有的认知发展水平和最近发展区，从而实施发展性教学。

皮亚杰的认知发展阶段中的具体运算和形式运算各个亚层次分别对应于具体运算模式和形式运算模式的不同类型。比如，具体运算早期只对应于分类和守衡两个运算模式，而具体运算晚期则对应于全部具体运算模式的四个运算模式。因此，根据上述运算模式编制测试题就可以确定学生的认知发展水平，即为最近发展区理论中的现有发展水平，而最近发展区即为与测试确认的认知发展水平最近的较高认知亚层次。例如，如果测试确认某学生的认知发展水平为具体运算晚期，那么，其最近发展区即为形式运算早期。

这样来进行发展性教学，就使皮亚杰认知发展阶段理论中各个认知水平具有的运算模式特征，成为学生现有认知发展水平和最近发展区的特征，而促进学生从现有认知发展水平向最近发展区发展的工作也就成为促进学生运算模式不断转化的工作。这样，维果茨基的最近发展区理论在发展性教学上的意义，就既是一种教学原则，又是一种教学方法。

从教学的客体方面考虑，"材"的确切含义主要是指教学内容被掌握而所需要的认知水平，应当特别指出的是，教学内容的认知水平问题，既是因材施教中的一个关键问题，又是迄今为止仍被忽视的一个重要的问题。

因此，在因材施教的实施过程中，只有充分考虑到"材"的主客体两个方面并使之相互协调，才能实现真正意义上的因材施教。

三、教学建议

（一）教师应当了解和鉴别学生的认知发展水平和他们实际掌握的运算模式，根据学生的认知发展水平和特点安排教学计划。应该改变原来那种忽视学生心理特点，仅根据经验和课程标准安排教学的情况。教学是针对学生的，每名学生都有各自不同的认知发展水平和特定的运算模式，教学只有在具有针对性的时候，才能取得好的效果，才能更好地因材施教，才能更好地促进学生的发展。

（二）教师在备课时，常常要备知识，备方法，掌握教材的重点、难点，这是必要的和正确的。但是教师还应当知道，学生需要掌握的概念和规律哪些属于具体运算模式，哪些属于形式运算模式。针对一些形式运算水平才能理解的概念和规律，教师应当精心设计教学过程，尽可能采用实验和探究的教学方式，借助直观形象的教学手段，将其转化为以认知发展水平为具体的运算水平，从而使学生也能理解和掌握概念和规律。

（三）在发展性教学中，应当促进学生从现有认知水平向最近发展区发展，这是正确的。但在实际的教学中，促进学生认知水平发展主要还是将学生的认知水平从具体运算阶段向形式运算阶段发展。教学中还应当给学生提供尽可能多的动手机会，使他们通过动手、动脑，手脑并用地进行学习，要给他们提供充分发挥才干的机会，自己设计、自己动手、自己提问、自己解决问题，在学习知识的同时促进认知水平的发展。按照皮亚杰的理论，动作不仅是认识的源泉，而且是促进学生认知水平发展的根本动力。因此，为了促进学生的发展，就必须给学生提供足够的动手机会，让他们在科学探究中得到成长和发展。

第 二 章

因材施教的
教学策略与方法

第一节　教学中的统一要求与因材施教结合原则

教学既面向全体学生进行，向他们提出统一要求，在德、智、体、美诸方面全面发展，又承认学生的个别差异，采取多种不同的教育措施，使学生的个性得到充分发展。

《学记》指出：学生常常犯四种毛病，或贪多务得，或孤陋寡闻，或浅尝辄止，或畏难而退，其原因在于"心之莫同"，即个性差异。教师要"知其心""长善而救其失"。

在教学中，要把统一要求与因材施教结合起来。统一要求指的是把年青一代都培养成德、智、体、美、劳全面发展的人才。学生个性虽然千差万别，但又有共性，这就可以看出统一要求不仅是可能的，而且是必要的。但是由于受到遗传、环境和教育等错综复杂的因素影响，每名学生的个性各不相同，知识、能力、情感、意志、性格等都表现出不同的特点和发展倾向。在教学中，教师向一个班级集体传授统一的内容，而几十名学生则是以各自的方式来接受，这是一个矛盾。如果能够正确认识和处理这个矛盾，就会使统一的要求得到保证，并且使每名学生的个性得到充分发展。

使统一要求与因材施教结合起来，必须根据个性和共性辩证联系的观点，深入了解每名学生，从多种多样的个性中概括和把握学生的共性，把教学措施主要建立在学生共性的基础上，即在相近的智力水平、相近的知识积累的基础上。但是共性寓于个性之中，并且共性只能大致地而不能完全地包括一切个性。因而还要有相应的教育措施以适应学生个性的不同。例如，把教学大纲和教材以及作业，分为基本部分和非基本部分以适合不同水平的学生学习。以集体教学为主，辅以个别教学。在一节课里，主要进行集体教学；而对教材的非基本部分，可进行分组教学。给予学生掌握自己学习速度的一定的主动性。开设少量的选修课，广泛开展丰富多彩的课外活动，以适应和满足不同学生的特殊兴趣和要求。

因材施教是导源于经验的原则，具有典型的朴素经验特点。在孔子和朱熹所处的时代，教学活动是个别化的，因材施教适合个别教学的规定性正是历史局限性的反映。现在的各种教学理论在这方面尚未有较大突破，比较一致的看法还是"照顾个别差异""处理好集体教学和个别教学的关系""一般是在集体、统一要求下照顾个别，在面向大多数前提下照顾少数"。既然把这条原则"古为今用"，为什么不充分考虑今天教学已经发生的变革，却越千年而不移地循规蹈矩呢？

从班级授课制产生，个别接受的教学模式就有了根本性突破，如果从当代新教育技术所能驾驭的教学范围来分析，比班级授课又何止扩大千百倍？因材施教应该有与之适应的发展，这种发展意味着除了面向个体差异施教，还应当考虑依据某群体在大范围内的纵横比较的差异进行集体施教。这对于规模宏大的当代教育发展具有重要意义。

必须看到，群体差异问题广泛存在于教学实践，因为群体的因材施教不利造成的教学弊端不少。譬如，有些部门或学校盲目借鉴外域经验，生搬硬套外域"新法"，结果搞得不伦不类；有人套用外地外校改革模式，强化"改革"，结果致使教学质量下降。这并非办法不科学，而是有些人不懂得因群体的各方面差异而变通。

大到国家的整个教学大系统，小到教学班组的小群体，都该考虑非个体化的因材施教问题。我国的各类教学，不仅在教学环境、手段、教师素养方面具有不同于其他国家的特殊性，教育对象也有群体差异；我国的不同民族、不同省区市、不同学校、不同班级，班级中的不同学区、不同家庭环境、不同智力素质的教育对象也同样有群体差异。这些都该考虑如何因群体之"材"施群体之"教"。

一、因材施教和因教而学

既然把因材施教确认作教学范畴的原则，教学范畴的理解也已经在发展过程中被开阔到教师的教和学生的学的双边，这使得一切教学问题都纳入教和学的辩证系统之中，孤立地来谈因材施教问题就难免有失偏颇了。因此，必须重新在教学系统中整体地、联系地、动态地认识因材施教。

（一）教师权威和因材施教的发展观

就因材施教的源流来看，它所依据的教学观明显带有教师权威论特点，教师是施教的主体，学生只是被动的施教对象，这是重教轻学的历史局限性的反映。因材施教的"材"，科学地揭示了可塑性、可教性，但"材"的本意毕竟是木料，泛指原料、材料，就"人材"而论只能引申为能力资质，这是定性定型的条件，至于"材"的主观能动性、动态发展性就很单薄了。这种局限性是否根本突破了呢？

教育理论突破大，但教学理论以及教学实践就保守得多。我国的教学论实质上还是教师教的理论，即使近年来关于学生积极性方面的论述有所增加，还是不能满足教学辩证法。譬如教学论只论教师备课、上课，却不论学生预习、听课；只论教师的启发式教，却不论学生思悟式的学等。教学实践呢？基本上没有改变教师权威的一言堂。所谓因材施教从根本上就制约在这样的教学情境中。学生只是处在凭教师研究、设计、施以预期影响的被动地位，那么学生是否可能自我研究和设计呢？他们是否可以研究教师的教并进行相适应的学呢？

这里显示出因材施教要有所发展的必然性。学生们在潜移默化中变化，他们或许幼稚但又固执地要用自己的头脑思考问题，新的教育主客体理论也从学生实际出发冲击了教师的权威。教师在教育活动中不可能具有绝对的主体地位，他既制约对象同时也受对象制约。

（二）因材施教和因教而学的关系

在教学过程中，教师的教授活动和学生的学习活动客观地存在着相互适应的问题。教师要根据学生实际施教，负主导责任，主导的关键正是激发学生的自觉能动性，而学生的适应如果是能动的，必然会对教师的影响择善而从，不善而改。从这种关系来看，苛求学生的教师往往因为不能因材施教，而苛求教师的学生又何尝不是不能因教而学呢？

在教学实践中这对关系可能存在的模式有四种：其一是教师因材施教，学生因教而学，教学高度适应，师生相互促进，这是最理想的模式；其二是教师主观愿望是要因材施教，但实际上却不能恰当"因材"有效"施教"，不能从根本上解决学生因教而学的能动性问题，学生的能动性就很不确定，致使教学不适应、不默契，效果优劣的随意性很大，这是极有变通性的模式；其三是教师不搞因材施教，照本宣科，不顾对象，不负责任，但学生却有因教而学的能动性，能注意因教师之所长而学，避教师之所短而改，学不择师，逆师成才，也能"青胜于蓝"，这是教师必须引以为戒的模式；其四是师生双方在教学中均属消极状况，师不能因材施教，生不能因教而学，其心不在教学之中，或许教师的学识博大精深，或许学生也聪慧过人，然而对教学关系而言，照样失去意义，对教学效果来说，也可能并无裨益，这是最不理想的模式。

教学应当努力求得第一种模式，因为它是因材施教原则的最佳效果的体现。这种模式比之传统的因材施教观念增加了新质，这种新质显然是在学生的主动性方面。如果教的目的最终是为了不教，学生主动性对于因材施教的意义也就不言而喻了。

二、对因材施教的解析

（一）中国古代教学中"因材施教"的提出和发展

所谓"因材施教"就是根据学生心理的差异及其他具体情况，有的放矢，因势利导地组织和进行教学和教育工作。最先在教学、教育实践中认识并灵活运用这条原则的当属孔子。孔子十分了解学生，学生个性不同，条件不同，认识水平不同，孔子分别采取不同的教学方法。

颜渊、仲弓、司马牛都曾问孔子怎样去实行"仁"，由于三人所具备的条件不同，孔子所答的角度也各有不同，对颜渊就个人修养说，对仲弓则就政治生活说，对司马牛则就平时言谈说，然而又都是达到"仁"的道路。

孔子还认为要根据学生程度的高低，因材施教，他说："中人以上，可以语上也；中人以下，不可以语上也。"这就是说，中等以上水平的人，可以告诉他高深的学问；中等以下水平的人，不能告诉他高深的学问。

孔子因材施教，是以平时对学生的了解为基础的。他通过多种途径来了解学生。

一次子路、曾点、冉有、公西华四人陪着孔子坐着。孔子说："假如有人要了解你们，那么你们打算做些什么事情呢？"子路抢先说，他要去治理一个只有千辆兵车的，遭受战争、饥荒困扰的国家，三年时间，使人人有勇气，并且懂得一些大道理；冉求接着说，他要去治理一个纵横六七十里或者五六十里的小国，三年时间，使百姓富足；而公西赤则说，他愿意当一个小司仪；曾点则说，他想同几个大人、小孩一道去春游。座谈会开得挺热烈，学生们毫无拘束，各抒己见。

孔子还通过个别谈话，直接或间接地了解学生。前者如："子曰：赐也亦有恶乎？"要子贡谈谈有什么憎恶的事情。子贡回答："恶徼以为知者，恶不孙以为勇者，恶讦以为直者。"意思是他厌恶抄袭别人的成果而自以为聪明的人，厌恶不谦虚而自以为勇敢的人，厌恶说别人坏话而自以为直率的人。后者如："子谓子贡曰：汝与回孰愈？"要他把自己跟颜回比较一下，哪一个强些。子贡就说："赐也何敢望回？回也闻一以知十，赐也闻一以知二。"即颜回听到一件事，可以推知十件事，而他听到一件事，只能推知两件事，孔子感慨地说："弗如也；吾与汝弗如也。"

由于平时注意了解，孔子对学生的性格、特长，都能给予恰当评定。不但如此，孔子对学生将来能从事什么工作，都心中有数。

有一次孟武伯向他了解仲由、冉求、公西赤的情况。孔子指出："由也。千乘之国，可使治其赋也"；"求也，千室之邑，百乘之家，可使为之宰也"；"赤也，束带立于朝，可使与宾客言也"。孔子根据他们的特长，认为他们分别适宜于治理兵役，管理行政，当外交官。还有一次，季康子问："仲由可使从政也与？"子曰："由也果，于从政乎何有？"曰："赐也可使从政也与？"曰："赐也达，于从政乎何有？"曰："求也可使从政也与？"曰："求也艺，于从政乎何有？"孔子很肯定地答复这些学生都可以治理政事，因为仲由办事果断，子贡通达事理，冉求多才多艺。

孔子从了解每名学生的特点、能力等具体情况入手，因人而异，施行教育，这是符合教育过程的需要的，是行之有效的经验。

与孔子同时代的墨子、孟子在因材施教的运用上也做出了重要贡献，如孟子认为："君子所以教者五：有如时雨化之者，有成德者，有达财者，有答问者，有私淑艾者。此五者，君子所以教也。"在这段话中，他不仅对学生进行了类型的分析，把学生分成悟性高的、在德行上有发展前途的、才智超群的，以及智力平平的和因种种原因不能登门求学的，而且还强调了教育对象对教学方法的制约性。如教悟性极高的学生时，只需稍加点拨；对于才智一般的学生，教师不应做过高要求，讲解时应不厌其烦等。

对先秦"因材施教"的思想做出总结的当推《学记》的作者。首先，他看到了因材施教是教学的规律，指出："多其讯，言及于数，进而不顾其安。使人不由其诚，教人不尽其才。其施之也悖，其求之也佛。"即如果教师违反因材施教这一教学规律，只顾满堂灌，不顾学生能否接受，那样的教学是既不合理，又不实际的；其次，他强调因材施教的目的在于"长善而救其失"。要做到这点，教师则必须"知其心"，即了解学生的心理活动。

唐宋以后的教育家，对因材施教的思想又有了更多的发展。韩愈继承先秦儒家的思想，主张根据学生的个别差异，把他们培养成各种有用之才。正式提出因材施教这一观点并把其上升到一定理论高度的，当推宋代教育家张载，他进一步对《学记》做了发挥，认为因材施教应该尽可能把学生的潜在能力挖掘出来，使"尽其材"他说："圣人之道，精粗虽无二致，但其施教，则必因其材而笃焉。"朱熹则更明确提出："圣贤施教，各因其材。小以成小，大以成大，无弃人也。"二程亦有"圣人教人，各因其材"的提法。

明代教育家王阳明主张因材施教，力图通过因材施教的途径，把不同禀赋的学生培养成多方面发展的人才。王阳明希望通过教育使"人人都做圣人"，而又认为"圣人"应具有多方面的才能。他继承孔子关于要求学生"身通六艺"的思想，指出："教人为学，不可执一偏。"他在《教约》中规定的日课表是"每日工夫，先考德，次背书诵书，次习礼，或作课仿，次复诵书讲书，次歌诗"。另外，他还讲到"琴琴简编，学者不可无"，"学射，则必张弓挟矢，引满中的"等。这些综合起来，几乎包括了德、智、体、美各种因素，但他特别重视道德教育，指出："学校之中，惟以成德为事。"道德教育的基本内容是"明伦"，即父子有亲，君臣有义，夫妇有别，长幼有序，朋友有信，断言"明伦之外无学矣"。他规定教师在每天早上要检查学生前一天在爱亲敬长、定省温清、街衢步趋等方面，是否按五伦力行了？有没有产生过不善的意念？要每名学生"多以实对"；教师则要"随时就事，曲加诲谕、开发"；对教师讲的学生要"有则改之，无则加勉"。这种道德教育既是第一位的，又是贯穿于知识教育全过程的。王阳明既反对不尊德性去"空空道问学"，也反对不道问学去"空空尊德性"。他说："岂有尊德性，只空空去尊，更不去问学；问学，只是空空去问学，更与德性无关涉？"他的结论是："道问学即所以尊德性也。"因此，他在强调德育时，也很重视智育，要求学生反反复复地"背书诵书""诵书讲书"，把书读得"精熟"，达到字字句句"细绎反复""义礼浃洽，聪明日开"的目的。体育是多方面的，练习射箭是体育锻炼；习礼时"周旋揖让，而动荡其血脉，拜起屈伸，而固束其筋骸"，也是体育锻炼，尽管这是附带的。至于美育、弹琴、歌诗、习礼等都能使人受到审美教育。如习礼时，要学生"审其仪节，度其容止，毋忽而惰，毋沮而怍，毋径而野，从容而不失之迁缓，修谨而不失之拘局"；歌诗时，要学生"整容定气，清朗其声音，均审其节调，毋躁而急，毋荡击嚣，毋馁而慑"。这样，学生们就能在有节奏、有韵律的活动中，从音乐、仪容、举止、风度等方面受到审美教育和美的感受。

培养具有多方面才能的人，是王阳明办教育的直接目标。但由于受教育者的情况多异，必须采取因材施教的方法。他说："人的资质不同，施教不可躐等。"他根据学生年龄、才能、秉性的差异，采取不同的教育方法。首先，根据年龄之异，把教育分为儿童教育和成人教育。根据儿童"乐嬉游而惮拘检"的特点，主张在教育儿童时"必使其趋向鼓舞，中心喜悦，则其进自不能已。譬之时雨春风，沾被卉木，莫不萌动发越，自然日长月化"。既然学生是花木，教育就应有园丁的态度，他反对教师"装作道学的模样"，把学生当"拘囚"对待的做法，指出："近世之训蒙稚者，日惟督以句读课仿；责其检束而不知导之以礼；求其聪明而不知养之以善；鞭挞绳缚，若待拘囚。彼视学舍如囹圄而不肯入，视师长如寇仇而不欲见，规避掩覆以遂其嬉游，设诈饰诡以肆其顽鄙，偷薄庸劣，日趋下流，是盖驱之于恶，而有求其为善也，何可得乎！"

王阳明在教学中比较讲究民主，《传习录》记有这样一件事：王汝中、省曾侍坐。先生握扇是曰："你们用扇！"省曾起对曰："不敢。"先生曰："圣人之学，不是这等捆缚苦楚的，不是装做道学的模样。"并点名批评程伊川动辄对学生"斥骂起来"的做法。这在当时是有进步意义的。对于年龄相近的人，王阳明主张根据才能、癖性之异采取不同的教育方法。他说："学校之中，惟以成德为事而才能之异，或有长于礼乐，长于政教，长于水土播植者，则就其成德，而因使益精其能于学校之中。"对于长于礼乐政教者，学校教育的任务是"益精其能"；对于长于水土播植者，则叫他们老老实实种地，不要存"希高慕外之心"，因为对这些人，你与他讲治国平天下的大道理，他根本听不懂，结论还是"中人以下，不可以语上"。这里既有因材施教的合理方面，也暴露了他鄙视劳动人民的阶级偏见。对于"狂""狷"两种不同性格的人也要区别教育，"狂"者便从狂处成就他，狷者便从狷处成就他。从上述方法中，可以看出王阳明对一般与个别的辩证关系的理解及其在教学实践中的运用能力。另外，明清之际的王夫之也指出，因材施教不仅要注意学生个性、才智的差异，还要考虑其年龄特征。

（二）中国古代教学中因材施教的基本含义

1．贯彻因材施教的前提是了解学生的个别差异

张载曾云："天之聪明，在人者有隐有显，有变有通。"这话的意思是，学生之间存在着较大的个别差异，有的锋芒毕露，有的却是大智若愚，有的机变灵活，有的能举一反三等。因此，教师要想有效地展开教育，就必须对每名学生的全部心理活动状况有所了解，知道他们的质之不齐，有敏钝之差；志量不齐，有大有小；德行不同，有优有劣；知识不等，有多有少、有深有浅等。并且还要"洞知其所自蔽"，即了解每名学生在学业和德行上各自受蒙蔽不清的地方。只有这样，才能"因其蔽而通之"，真正做到因材施教。

2．贯彻"因材施教"的途径是实施不同的教育

了解了学生的个别差异，还不能算真正做到因材施教，而必须在此基础上，对学生进行不同的教育，正如王夫之所言："教者，因人才之不齐，而教之多术。"这里的"多术"，就是这个意思。它具体表现为：（1）不同的教育目标，如王守仁的"孙其志于仁则得仁，孙其志于义则得义"。（2）不同的教育内容，王筠在《教童子法》一书中提出，才智高的，可涉及《国语》《国策》《文选》等艰深的学问；才智平庸的，以读《五经》《周礼》《左传》等为主，对《仪礼》《公羊传》《榖梁传》等可略微涉猎一点。（3）不同

的教育方法，如二程所言："君子之教，或引之，或拒之，或各因所亏者成之而已。"教师只有做到了这些，使每一名学生都能在自己原有的基础上得到进一步的发展，才算完成了因材施教的全过程。

（三）"因材施教"的主要特点

教学、教育原则的提出，必须以一定的教育、心理规律为依据。规律是原则的基础，原则又是规律在教学、教育实践中的应用与表现。在我国古代，有些教育家曾提出一系列的教学与教育原则。在这些原则中，除了因材施教外，几乎没有一条原则与规律之间的联系是十分紧密的。因材施教原则的唯一根据就是个别差异规律，而个别差异规律在教学与教育实践中的唯一体现则是因材施教原则，两者间的联系相当紧密。这种紧密联系或对应关系，可以说是因材施教这一原则最突出的特点。

这一特点在教学与教育工作中具体表现为：

1．在教学工作中以学生智能的个别差异为依据。

孔子曾说"唯上智与下愚不移""中人以上，可以语上也；中人以下，不可以语上也"。从这两句话中可以看出，孔子把学生按智能分成三类：上智、中人、下愚。现代心理学将人的智力划分为超常、中等、低常三类，这两种划分方式可谓是异曲同工。在教学中，孔子主张对中等智力水平以上的学生，教师可以向他们传授高深的学识，而如果只有中等水平以下的智力，那就不能对他们作较高要求。另外，韩愈曾把教师比作木匠，认为，教师应认清学生才智的差异，在教学中有不同的要求和培养目标，比如大木料就让它充当屋的大梁，小木材则用于做椽子，有的木材适合做柱上的斗拱，有的只能是梁上的短柱，有的能成为户枢，有的则只能做门槛。

2．在教育工作中以学生性格的个别差异为依据。

孔子对于不同性格的学生问同样的问题，其回答是不同的。子路性格好勇，遇事莽撞，孔子就要求他先请求父兄；冉有性格懦弱，优柔寡断，孔子则鼓励他大胆行事。孔子的学生后来之所以大多数都成为仁人志士，可以说是与孔子的这种根据不同性格特点，有的放矢的教育分不开的。

但要注意的是，所谓教学工作以学生的智能差异为依据，教育工作以学生的性格差异为依据，是就其主要倾向而言的，并非说在教学中不必考虑学生的性格差异，在教育中也不必考虑学生的智能差异，其实，教学与教育本身就是一个不可分割的整体，而智能与性格也是相互制约、彼此渗透的。

（四）"因材施教"的五种方式

我国古代对"因材施教"这一原则不仅进行了理论上的探讨，而且还提出了一些在教学、教育中切实可行的具体方式。

1．按照学生的智能水平进行教学。

智能水平在个体学习中起重要作用。因此对于不同资质的学生，教师"施教不可躐等""随材而告之"。墨子认为必须"深其深、浅其浅"，即对智能水平低的学生应放低要求。清代的王夫之则更进一步具体指出，教师还必须考虑学生的接受能力："因其所可知，而示之知焉；因其所可行，而示之行焉。其未能知，而引之以知焉；其未能行，而勉之以行焉。"就是说，如果教师发现学生对所教的东西能接受，就应马上告之；学生已领会并能运用，就让他马上去实践；在领会方面有困难的，应加以开导；有的学生在实际操作中产生了畏难心理，就应鼓励他。

2．注意学生特长，分科进行教学。

学生的学习特长既是自己学习的结果，又是新学习的起点和依据。因此在因材施教中，教师就应该善于抓住学生的特长，及时加以引导，使这些特长得到真正充分的发挥。孔子曾根据学生的特点，开设了德行、言语、政事、文学等专门科目（相当于今之大学系科设置）。后人称赞说："孔子教人，各因其材，有以文学入者，有以政事入者，有以言语入者，有以德行入者。"墨子从学生的特长出发，要求他们"能谈辩者谈辩，能说书者说书，能从事者从事"。这犹如鼓励学生"八仙过海，各显神通"。

3．按照学生的努力程度进行教学。

因材施教固然如前面所讲的，要根据学生的智能水平进行，但也不能忽略学生的努力程度。如果只考虑他们才智的一面，就可能在教学中难尽其材。古代学者在贯彻因材施教时，已很清楚地认识到这一点。孔子的学生颜回，才智不算最高，但非常好学，"一箪食，一瓢饮，在陋巷，人不堪其忧，回也不改其乐"。孔子抓住这一特点，不断地加以鼓励，终于使其成为儒学的一代宗师。又如王夫之所言："有如其质，则中也，而笃志力行，克尽乎下学之事，则自中而上矣，于是而语之以上。"

4．鼓励学生独立思考，培养自学能力。

教师在教学实践中因材施教，并不是让学生被动地去接受知识，而应该鼓励他独立思考，养成自我学习的能力，把因材施教与学生自我学习结合起来。只有在学生能够善于主动探索、领会知识的基础上，因材施教才能更有效地发挥作用。王阳明说："学问也要点化，但不如自家解化者，自一了百当。不然，亦点化许多不得。"这段话就很能说明此种意思。

5．运用问答教学，灵活回答提问。

作为教师的一项重要任务，就是回答学生提出的各种疑问。那么，怎样才能有效地解答学生的疑问，做到因材施教呢？在孔子的教学实践中，大致有这样几种方式：

（1）同一个问题，对不同的人做不同的回答。如，同样是问"仁"，孔子对颜回、子贡、司马牛三人的作答是迥然不同的。

（2）对学生提出的问题，不总是直接作答，有时还从学生的问题中提出相关问题，让学生去思考，发表意见，然后再评审，讲出自己的观点。

（3）有些学生爱打破砂锅问到底，孔子就让他问到底，从不厌烦。如《论语·颜渊》中，"子贡问政"就是一例。

（4）采用追问法，即对学生提出的问题不作任何回答，反而用一系列问题来予以追问，迫使学生各竭其力，求出答案。

第二节　在德育中贯彻因材施教的方式

一、因材施教的方式

（一）按照学生的性格进行教学

孔子把人的性格分成三类：狂者、狷者和中行。这里的狂者，相当于现代心理学所讲的性格外倾型的人，狷者相当于内倾型的人，中行则相当于中间型性格的人。他并且还针对此三种类型，有区别地进行教育。正如明代王守仁所分析："圣人教人，不是个束缚他通做一般：只是狂者便从狂处成就他，狷者便从狷处成就他。人之才气，如何同得？"可以说是对孔子那种教育方法的一个总结。

（二）因人制宜，发扬优点，克服缺点

教育的目的就是要帮助学生发展良好行为，改正不良行为，即所谓"长善而救其失"，要做到这点，教师必须了解学生的优缺点。对于他们的优点，给予表彰，力求发扬，对于他们的缺点予以批评，力求克服。例如，孔子通过观察发现颜回勤奋好学，自觉性高，就经常表扬他，如说"回也好学""回也不愚""贤哉，回也"，等等；又如发现子路好勇，易轻举妄动，就指出"君子以义为上，君子有勇而无义为乱，小人有勇而无义为盗"。

（三）针锋相对，利用矛盾，培养良好品质

每一种品质（心理的、道德的）都有自己的对立面，如勇敢的品质有怯懦的品质与之相对应，勤劳的品质有懒惰的品质与之相对应等。所以教师在了解学生所具备的某种品质之后，就可利用与此品质相矛盾、相对立的品质，去发扬它、维持它或克服它。例如，荀子就提出，对于血气刚强的人，要注意养成其柔顺调和的品质；对于智谋沉深的人，要注意形成其坦率忠直的品质；对于勇毅狂戾的人，要注意以道理加以训化；对于目光短浅、迟缓苟得的人，要注意使其树立远大志向；对于诚恳端正的人，则注意以礼乐相合、思索相通，使其更上一层楼。可见，荀子是非常注意根据学生的个性特征，采用有针对性的补偏救弊措施，来塑造他们良好的道德品质的。

（四）抓住时机，因势利导，促进发展

在教育工作中，很关键的一点就是：教师在发现学生的优、缺点后，应当根据各自的特点，及时加以引导，这样就能取得事半功倍的效果。"教者，但只看蒙者时之所及则导之"，说的就是这个意思。教师还必须善于发现学生变化的转折点，及时进行教育，"当其司，乘其同而施之"。任何不适时的教育，都收效甚微，有时反而会出现与教育目的相反的结果。

（五）注意培养学生的自我教育能力

教师在教育中因材施教时，不能包办代替，而应当把因材施教与学生的自我教育结合起来，只有积极培养学生的自我教育能力，因材施教才能更有效地发挥作用。从孔子的言论与教育实践中，我们不难发现这点。例如，他曾向门生指出："为仁由己，而由人乎？""仁远乎哉？我欲仁，斯仁至矣。"一个人要具备仁人的品质，关键不在别人，而在于自己，如果你想要努力使自己向仁义方面发展，那你就能具备这一品质。在孔子的这种教育下，他的学生几乎人人都有自我教育的能力。例如，他的高徒曾参每天都要省察三件事："为人谋而不忠乎？与朋友交而不信乎？传不习乎？"表现出了高水平的自我教育能力。

二、气质特点与因材施教

气质是人的高级神经活动类型，其特点在行动方式上的表现，是个人心理活动的动力特征，这些动力特征主要表现在一个人的情绪体验和行动反应的速度、强度、稳定性和灵活性及指向上。气质一般分为四种类型：

（一）多血质（活泼型）

这种人情绪易兴奋、热情，反应速度快而且灵活，容易适应变化的生活条件，善于交际；容易动感情，外部表露明显，但情感易变，注意力容易转移；机智敏锐，能迅速把握新事物，一旦刺激失去就会出现厌倦和消极的情绪。

（二）胆汁质（兴奋型）

这种人情绪激昂、易冲动、控制能力差；脾气暴躁、好挑衅；态度直率、精力旺盛；情绪的外露性明显、反应速度快，但不灵活。

（三）黏液质（安静型）

这种人情绪不易兴奋，安静、庄重，能够在任何情况下保持心理平衡；能克制自己的冲动，对人情感很真挚，但内倾性明显，不容易动声色，对新鲜事物不敏感，反应比较缓慢，具有稳定性，但难于转移。

（四）抑郁质（弱型）

这种人感受性低，不能接受强烈刺激，感情脆弱，容易神经过敏；情绪体验丰富，内倾，反应迟钝，领会问题慢，缺乏自信心，有自卑感；但处事很谨慎，能深思熟虑，性情孤僻，在遇到困难和危险时，优柔寡断，十分恐惧。

这四种气质类型，无好坏之分，任何一种气质都有它积极的一面，也有它消极的一面。

因材施教，即从学生的实际情况出发，依据学生的年龄特征、个性差异等，有的放矢地进行教学。个性差异，主要指学生的个性倾向性和能力、兴趣、性格等特征。

在教学中，我们要观察学生的个性差异，掌握他们的气质特点，把他们"分门别类"，然后从学生实际情况出发，针对他们的不同气质，采取不同的教育措施，因势利导，取长补短，用不同的手法达到统一的教学目的。

根据学生气质特征因材施教，是教育过程中的一个重要原则。有的教师文化水平很高，教学方法也不错，但在教学中收到的效果总是不太明显。其中原因之一就是他们不能针对学生不同的气质特点因材施教，而是搞一刀切。因此，作为一位教师必须针对学生不同的气质特征进行因材施教，有预见性地、有针对性地去帮助不同气质类型的学生发展气质的积极方面，克服消极方面，把学生培养成个性更加完美，智能更加发达的新一代。

在教学实践中，学生主要表现为内向与外向两种气质类型，给予内向学生与外向学生以不同的教学方法，是教学因材施教的主要途径。

由于内向性格的人的大脑容易因刺激过量而处于过度兴奋的状态，故他们需要相对来说刺激较少的环境。外向性格的人必须获得较强的刺激才能意识到某种刺激，故他们需要大量刺激的环境。内向的人受惩罚的影响要比受奖励的影响大，对社会禁律敏感得多。这使他们易于受到压抑和约束。他们对于痛苦更为敏感，易于疲劳，过于激动会影响学习成绩。然而，这并不是说内向的人比外向的人学业成绩差，心理研究结果表明刚好相反。安静而独立学习的内向学生常常受到奖赏，因为教师总比学生年长，比较内向。在刺激强的环境里，外向的学生学习较好，理解得也快；而内向的学生在宁静和没有什么强烈刺激的环境中学习就非常出色。内向的学生不喜欢与他人过多地接触，而偏爱单独一人学习。外向的学生总喜欢通过与他人一起学习而获得额外的刺激，这种刺激有助于他们思想集中。具有多种教学方式的环境对于外向学生是很适宜的，他们喜欢伴有音乐、鲜艳的色彩和不断变换讲题的教学。内向学生适合于对主题内容反复强调的教学方法，要求课堂上使人分心的言语举动尽可能地少。外向学生好动，不喜欢安静端坐，有时会扰乱课堂秩序，这些活动使其大脑获得足够的刺激量。内向学生安安静静地坐着，从不造成什么"麻烦"事。公开课、公开的讨论会、发现探究课和运用归纳的教学适合于外向学生。经过精心准备、周密组织的教学、演讲、讲解和运用演绎法的教学适合于内向学生。运用从个别到一般的归纳法来教外向学生，他们学得比较快。运用先揭示一般规律后推及个别例子的演绎法，内向学生学得较好。

　　教师不仅应当了解和耐心对待学生的这些个别差异，而且应当为不同的学生积极创造条件。比如，定期为外向学生提供讨论教材的机会；关怀和爱护内向学生，为他们寻求宁静的学习环境等。当代教育体系中，内向学生是受欢迎的。当前最大的问题是没有为外向学生提供恰当的环境。也不能简单地一分为二，把内向学生放在安静环境里，把外向学生置于多刺激的环境中。因为大多数学生既不是绝对的内向也不是绝对的外向。我们需要的是，向各种不同类型的学生提供恰如其分的刺激，既使外向学生满意，又使教师或内向学生不感到刺激过量。

第三节　学习过程中的认知风格与因材施教

一、认知风格的简述

认知风格这一术语，一般用来描述学生在加工信息（包括接受、贮存、转化、提取和使用信息）时习惯采用的方式。由于学生在对信息进行认知加工时习惯采用的方式往往是自认为最合适的，因而，认知风格与认知策略常常是紧密相关的。

（一）认知风格的概念

认知风格这一概念与智力或能力这类概念的不同在于：智力或能力主要是指学生在智力测验或学业测验的成绩中表现出来的差异，可以有高和低、好与差之分，也就是说，只有一个维度；而认知风格一般是根据两极来描述的，例如，有些学生倾向于采用求异思维方式，有些学生则趋于使用求同思维方式，但我们并不能说求异思维方式就比求同思维方式好些。因为对于某些问题来说，求异思维可能有效些；而在另一种场合，求同思维可能更合适些。因此，求异思维者与求同思维者同样可能具有较高的智商，我们不能说这一端比那一端高明些。而且，我们每个人并不是处于这两极的某一端上。而是说，在一般情况下，我们往往会采用哪一种认知方式。事实上，大多数人在不同的情况下，会利用多种认知风格。

（二）认知风格的特征

认知风格的主要特征是一致性和持久性，因而，它们必然是与学生的个性相关的。心理学家们早就发现，个性不同的人，不仅在行为方面，而且在思维方式上也有所不同。例如，学生的性格是内倾还是外倾，与他们的思维方式相关，从而对学生的学业成绩有一定的影响。有些心理学家认为，认知风格不仅同个性有关，而且是与学生的情感和动机特征等联系在一起的，尤其是在学生采用截然不同的认知方式时，更是这样。

认知风格具有相对稳定性，即学生在不同时间、不同认知任务上始终会有一致的表现，从这一点上讲，认知风格与智力或能力这类概念又有相似之处。不过，各种认知风格在与智力或能力的相关性方面是不同的。例如，场独立性测验与智力测验的成绩有很高的相关，而倾向于整体性加工与倾向于系列性加工的认知风格，则同智商并无什么相关。

（三）认知风格的类型

在心理学家们看来，通过测验了解学生的认知风格，可以进一步补充能力测验和能力倾向测验所提供的有关学生认知构成的信息。能力测验是评估学生在某些学科领域方面的技能水平和成绩；能力倾向测验指出了学生学好某些新内容的可能性；而认知风格测验则是要了解学生在完成各种学习任务过程中所采取的典型的思维方式。教师可以据此引导学生，采取与学习任务相吻合的认知方式。

对于教育工作者来说，最感兴趣的是各种认知风格在教育上的应用，以及学生认知风格的起源和发展。就目前的研究来看，学生的认知风格与他们在学校里的成绩和能否进入高等院校有关。至于学生认知风格的起源和发展，则与遗传因素、儿童早期的教育、家长对儿童持民主态度的程度、社会关系，以及在学校选修的专业等有关。但目前还缺乏强有力的实验证据来说明这些问题。这里，我们只介绍几种研究较多、影响较大的认知风格。

1. 场依存与场独立

在所有认知风格中，最著名的是场依存与场独立。这种认知风格吸引了许多心理学家和教育学家的注意。

我们已经知道，知觉信息不仅来自外部环境，也来自身体内部。事实上，知觉过程始终表示一种身体内部过程与外界信息输入之间微妙的平衡。这种平衡的性质决定了认知风格的一个方面。美国心理学家威特金为探索这种认知现象付出了毕生的精力。

第二次世界大战期间，威特金在为美国空军服务时，研究飞行员根据什么线索来确定自己是否坐直的问题。知道自己身体是坐直的还是倾斜的，这对飞行员在雾天或黑夜飞行来说是很重要的。为此，他设计了一个可以倾斜的房间，让被试人坐在一张椅子上，可以通过转动椅子把手与房间同向或逆向倾斜。当房间倾斜后，要求被试人转动把手使椅子转到事实上垂直的位置。结果发现，有些测试人在离垂直差35度的情况下，仍然坚持认为自己完全是坐直的；而有些人则能在椅子与倾斜的房间看上去角度明显不正的情况下，使椅子非常接近于垂直状态。威特金由此得出结论，有些人知觉时较多地受他所看到的环境信息的影响；有些人则较多地受来自身体内部的线索的影响。他把受环境因素影响大者称为场依存性，把不受或很少受环境因素影响者称为场独立性。前者是"外部定向者"；后者是"内部定向者"。这种个别差异，是个体在周围视觉场中看到的东西，与他身体内部感觉到的东西产生冲突的结果。实际上，被试人只要一闭上眼睛，这种冲突就会消除。因为，如果看不到环境提供的信息，每个人都会以一种非常相似的方式——根据身体内部的感觉来操作。

场依存性与场独立性这两种认知风格，与学习有密切关系。一般来说，场依存性者对人文学科和社会学科更感兴趣；而场独立性者在数学与自然科学方面更擅长。所以，在学习中，凡是与学生的认知风格相符合的学科，成绩一般会好些。此外，场依存性者较易于接受别人的暗示，他们学习的努力程度往往受外来因素的影响；而场独立性者在内在动机作用下学习，时常会产生更好的学习效果，尤其明显地表现在数学成绩上。

场依存性者与场独立性者的差异，特别明显地表现在对事物的观察上。例如，场依存性者比场独立性者更多地注意他人的脸色。他们往往力图使自己与社会环境相协调，因而在形成自己的观点与态度时会更多地考虑所处的社会环境。也许，是由于他们对社会环境很敏感的结果，场依存性者通常较招人喜欢。而场独立性者一般都有很强的个人定向，且比较自信，自尊性较强。一项研究结果发现，场独立性强的男生，比场依存性强的男生具有更强的领导能力。因此，尽管场依存性者看来更为社会定向，但这并不能保证他们具有领导的素质。研究还表明，一个人在判断时依赖环境线索的程度，是随着年龄增长而发生变化的。从 8 岁至 17 岁，学生依赖环境线索的程度呈下降趋势，所以，年龄大些的学生能较快地从镶嵌图形中找到简单图形。

2. 整体性策略与系列性策略

英国心理学家帕斯克对学生怎样学习做了大量的调查研究，试图发现学生在学习策略方面的重要差异。他要学生对一些想象出来的火星上的动物图片进行分类，并形成自己分类的原则。在学生完成分类任务后，他让学生报告他们是怎样进行这项学习任务的。结果发现，学生使用的假设的类型以及建立分类系统的方式，都表现出一些有趣的差异。有些学生把精力集中在一步一步的策略上，他们提出的假设一般来说比较简单，每个假设只涉及一个属性。这种策略被称为"系列性策略"，就是说，从一个假设到下一个假设是呈直线的方式进展的。而另一些学生则倾向于使用比较复杂的假设，每个假设同时涉及若干属性。这种策略被称为"整体性策略"，就是指从全盘上考虑如何解决问题。

采取整体性策略的学生在从事学习任务时，往往倾向于对整个问题将涉及的各个子问题的层次结构以及自己将采取的方式进行预测，做到未雨绸缪。而且，他们的视野比较宽，能把一系列子问题组合起来，而不是一碰到问题就立即着手一步一步地解决。他们往往从自己最感兴趣的地方着手，并且对趣闻轶事特别关注。所以，他们采取的方法有点类似于小说家或新闻记者常用的方式，而不是科学家们常用的方式。

采取系列性策略的学生，一般把重点放在解决一系列子问题上。他们在把这些子问题联系在一起时，十分注重其逻辑顺序。由于他们通常都按顺序一步一步地前进，所以，只是在学习过程快结束时，才对所学的内容形成一种比较完整的看法。

帕斯克发现，这两组学生在学习任务结束时，都能达到同样的理解水平，尽管他们达到这种理解水平时所采取的方式是完全不同的。

然而，事物都不能走向极端，整体性策略与系列性策略也是如此。帕斯克注意到了这种现象，他把这种现象称为"病态"。采取整体性策略的有些学生，往往趋向于做出不合适的、未经深思熟虑的类推，或在还没有足够的证据的情况下，急于形成个人的判断，并把这种不成熟的判断用于其他方面。而且，采取这种策略的学生很可能遗漏掉他们自认为是不重要的部分。与此极端相反，有些采取系列性策略的学生，不能利用有效的、重要的类推，不能为自己形成一种比较完整的概况，从而了解各种要素之间的相互关联。

帕斯克认为，这两种策略是学生思维方式与问题解决方式中表现出来的最基本、最重要的差异。实验表明，有些学生在任何情况下都倾向于采取整体性策略；有些学生则倾向于采用系列性策略。

对于教育工作者来说，帕斯克各项实验中的最重要的一项，也许是他对学习材料与学生习惯采取的策略匹配与否的实验。帕斯克先根据前面实验的结果，确定哪些学生倾向于采取整体性策略，哪些学生倾向于采取系列性策略。接着，他要求所有学生学习一组程序的材料，然后进行测验，以检验他们学到了多少内容。这组学习材料有两类，一类适合于采取整体性策略的学生，材料中有许多类推和图解；另一类是按逻辑顺序一步一步地呈现内容，不穿插任何其他类比或说明性材料，适合于采取系列性策略的学生。帕斯克把采取整体性策略的学生分成两组：一组学习第一类材料（在条件匹配下学习）；另一组学习第二类材料（在条件不匹配下学习）。同样，习惯采用系列性策略的学生也被分为两组：一组学习第一类材料（在条件不匹配下学习）；另一组学习第二类材料（在条件匹配下学习）。实验结果戏剧性地表明，在条件匹配下学习的学生，都能够回答有关他们学习过的内容的绝大多数问题；而在条件不匹配下学习的学生，一般都不及格。

3. 求异思维与求同思维

早在 1950 年，吉尔福特就提醒心理学家们：大多数智力测验都是"封闭性的"，这就是说，学生智商的高低，取决于一系列预定好的、要求做出求同思维的正确答案。他认为，智力测验应对那些需要进行求异思维的"开放性"试题予以同等的关注。自那以后，心理学家们开始把相当多的精力用于研究如何测量求异思维上。

尽管用来测量求异思维的测验五花八门，但从实质上讲，求异思维测验是要提供一种"可裂变"的刺激，以供被试人进行想象思维。被试人分数的高低，取决于做出反应的数量和新奇性。测量求异思维常用的两类测验是"物体的用途"和"文字的联想"。物体用途测验是要被试人对日常生活中常见的某一用品（如桶、纸、砖）说出尽可能多的不同用途。文字联想测验是要被试人说出某个单词尽可能多的意思。赫德森把研究的重点放在物体用途测验的成绩差异上。他发现，即便学生的智商都很高，但在物体用途测验的成绩上会有极大的差异。他把那些想不出物体的不明显用途的学生，称为"求同思维者"；把那些能讲出极多用途的学生称为"求异思维者"。赫德森通过引证两个极端的反应来说明智商相同者可能会有多大的差异。他要求两个智商都很高的男孩说出尽可能多的木桶的用途：

求同思维者：盛放酒；当足球踢。

求异思维者：存放旧衣服、鞋子、工具、纸张等，腌洋葱，种水松，倒过来当凳子坐，当小桌子用，劈开当柴烧，接滴漏下来的雨水，当婴儿圈栏，开个小门后当兔箱，当鸽房，开个洞后供狗或猫进出，当大台灯的底座，种黄花等，放炊具，当垃圾箱，爬高书架时当垫脚，对半锯开后当洋娃娃的房间，当鼓敲，当一个大的鸟窝。

赫德森发现，大多数求同思维者选修自然科学，求异思维者选修文科。他认为，学生表现出来的这种兴趣以及与之相联系的认知能力，与他们孩提时的早期教育有关。求同思维者做出的反应，可能与他们小时候接受家长的指令太多，情绪上受过压抑有关。

活勒克与科根对儿童（尤其是 10-11 岁）思维方式做了大量深入的调查，并对以往种种测评求异思维的方法提出了批评。他们认为，这些测验都是在有时间限定的竞争性条件下进行的，而事实上，儿童的想象思维只有在一种放松的、游戏性的情境里才能被唤起。紧张的考试气氛很可能会抑制儿童创造性的反应。

从上面的介绍中可以看到，求异思维都是用各种没有固定答案的测验来测量的。但是，求异思维本身与求同思维有何不同呢？从信息加工模式的角度来看，求异思维是一种搜寻策略，这种策略的注意面较广，并可以把已有的各种图式连接起来（即便在还不清楚这种连接的理由时也这样做）。对有关图式的广泛搜寻，即包括语义方面的，也包括事例方面的。这种搜寻很可能是松散的、缓慢的、广泛的，而且不只局限于信息贮存的某一方面。而求同思维则趋向于只注意某些方面，并很快地就局限在某一特定领域之内。所以，以信息加工模式看来，求异思维与求同思维是学生使用贮存信息的两种不同的方式。

4. 冲动型思维与反省型思维

卡根经过一系列实验后发现，有些学生知觉与思维的方式是以冲动为特征的，有些学生则是以反省为特征的。冲动型思维的学生往往以很快的速度形成自己的看法，在回答问题时很快就能做出反应；反省型思维的学生则不急于回答，他们在回答之前，倾向于先评估各种可替代的答案，然后给出较有把握的答案。

卡根主要是根据学生寻找相同图案和辨认镶嵌图形的速度和成绩来对学生的认知风格做出区分。

这类测验可以识别出两种不同的认知风格。冲动型学生一直有一种迅速确认相同图案的欲望，他们急于做出选择，犯的错误多些；反省型学生则采取小心谨慎的态度，做出的选择比较精确，但速度要慢些。有的心理学家认为，冲动与反省的区别，表明了学生信息加工策略方面的重要差异。

实验结果表明，在进行阅读测验时，速度与精确性是与智力相关的。但在推理速度测验中，一些智商高的学生往往倾向于做出小心谨慎的反应。

有人对卡根的研究结果做了进一步核查，他们发现，反省型学生在完成需要对细节做分析的学习任务时，学习成绩较好些；冲动型学生在完成需要做整体解释的学习任务时，成绩要好些。他们的结论是，冲动型学生在解决问题的能力方面，并不一定比反思型学生更差些。一般人认为冲动型学生学业成绩差，主要是因为学校里的测验往往注重对细节的分析，而他们擅长的则是从整体上来分析问题。

5．内倾与外倾

荣格根据长期的临床经验，认为存在着两种不同的心理类型，内倾的或外倾的，人们是用这两种相反的方式来看待世界的。外倾者的行为主要指向外部世界的各种事件，他们的思维是受寻找客观事实支配的。与此相反，内倾者往往是根据个人的价值观和标准来评判外部事件的。内倾者的思维是受个人对事物的理解和看法影响的，甚至为它们而困惑。荣格看到了这两种极端的思维方式的危害。他认为，极端的外倾者的思维，往往因纯粹经验性事实的堆积而致使思维瘫痪，从而也窒息了这些事实的意义；而极端的内倾思维则表现出另一种危险的倾向，即强迫把种种事实置于它的映象的阴影之下，或完全忽视这些事实，自由地展现它奇妙的映象。

在荣格的理论中，每个人都具有内倾和外倾的倾向，只不过是某一种特征在个人的行为和有意识思维中占主导地位，而与此相对的那种特征处于无意识中，像阴影一样继续存在。

荣格指出，个体选择某种特定的看法，或注重这种看法的某一方面，都部分地反映了他的个性。所以，荣格是根据个体思维的方式来描述内倾与外倾性格的。

艾森克等人对内倾与外倾的一些实验结果表明，在学术性方面，内倾明显优于外倾，因为内倾者很可能不为他们对社会活动的兴趣而分散精力，保持注意的时间更长些，长时记忆也比外倾者更强些。其他的一些研究结果也发现，内倾者在大学入学考试时比外倾者的成功率高。

但是，上述实验主要是在年龄大些的学生中和在某些学科领域中进行的。后来，有些心理学家发现，在小学里，外倾者的成绩始终比内倾者好些，而到13岁后，这种关系就不大明显了。此外，内倾的男孩和外倾的女孩在学习上往往比较成功。

可见，内倾和外倾的性格与学生学业成绩之间确实存在着关系，但这种关系并不是直接的。

二、判定学生性格的五种方法

教师必须了解学生的性格，才能因材施教。一般教师喜欢通过谈话、家访和日常观察，掌握学生的性格特点，这对于日常工作和课堂教学来说或许够了。倘若你想对提高学生的基本素质做些研究，想对学生的升学或就业提出恰当的建议，或者想把教学与教育科研结合起来，就需要了解更多的性格测定方法，以便对学生的性格做出科学而准确的判定。

性格是表现在人的态度和行为方面的较稳定的心理特征，是个性的重要组成部分。性格是在一个人的生理素质的基础上，在社会实践活动中逐渐形成、发展和变化的。这就是说，影响性格的因素包括两大方面，一是生理因素，二是社会因素。从前者看，即使是双胞胎，其生理素质也不完全一样。从后者看，每个人的生活经历不同，性格发展也就不同。鉴于性格形成的复杂性和多样性，以及个性理论流派纷呈的现实状况，自然产生了各种各样的性格测定方法。

（一）问卷法

问卷法是运用性格测验量表，考查学生的性格特征。一般问卷的题目多是提出一些情境，由学生回答在这些情境下怎么办。从答案所反映的态度、行为表现、人际关系、焦虑程度，可以看出学生的某些性格特征。较著名的问卷法有艾森克性格问卷法，包括四个量表：E量表的题目与中枢神经系统的兴奋、抑制强度相关，用以测定性格的内倾与外倾；N量表与自主神经的稳定性相关，用以测定情绪反映的稳定性；P量表与某些心理特质相关，可测定性格的某些特质；L量表用来检查回答上述量表的真实性。我国有北京大学陈仲庚教授编制的艾森克性格问卷修订本。

瑟斯顿气质量表包括140个题目，分为7类，可测定性格的7个因素：

①活动性因素（好动、敏捷、浮躁）；

②刚健性因素（喜欢体育活动）；

③冲动性因素（草率、好竞争、易冲动）；

④支配性因素（有领袖才能，善于处理意外事件）；

⑤稳定性因素（情绪愉快、稳定，危急中能镇静自如）；

⑥社会性因素（善于交际，易与别人合作）；

⑦深思性因素（深思熟虑，喜欢安静及独自工作）。

用7种因素的得分与常模比较，便可知一个人性格的倾向性。该量表适用于中学生。另外还有伍德罗问卷（适用于学前儿童），贝尔适应量表（适用于高中生），泰勒的焦虑量表和卡特尔的人格因素问卷量表等。

由于问卷法可以测定性格多方面的特质，施行简便，故应用广泛。但是，问卷法也有不足之处。性格测定虽然不涉及道德上的善恶评价，但是各种性格都有一定的社会评价标准，一种社会鼓励什么性格，不鼓励什么性格，人所共知。学生有可能不按自己的性格特质来回答，而是按社会评价标准回答问题，从而影响问卷的真实性。比如，独立自强是社会所提倡的，依赖性则不足取。如果题目是：当你解不开难题时，首先想到谁？学生可能答：想到自己。而生活中，他也许首先想到的是好友。

（二）投射法

投射法是给被试者提供某种刺激物，如墨迹、图片、不完整的句子等，让他自由地做出反应，从而显露其性格特征。

投射法类型很多，如，罗夏墨迹测验，要求个别儿童说出在一系列的墨迹测验材料中看到或想到了什么。西蒙斯图画故事测验，要求儿童对所提供的每一幅画讲一个故事。填句测验，要求儿童完成以下短语开始的句子，"我想我母亲……"；"有时候老师……"；"另一些孩子……"等。

投射法展示的刺激物多是模棱两可的，答案可以多种多样，这就避免了儿童选择自认为"正确"的答案，从而较客观地反映出儿童的心理活动和性格特征。但是，这类测验费时且技术要求较高。

（三）评定法

评定法可通过自评或他评反映每个人的性格。较著名的自我评定量表是桑代克性格量表。该量表要求被试回答下列情况，和自己的情况一样选 L，不一样选 D：

你似乎做出的事情没有对的　（ＬＤ）

你总是"忙得不停"　（ＬＤ）

你在紧急时易于"发脾气"　（ＬＤ）

你总是事先计划好事　（ＬＤ）

通过以自己的看法描绘自己，显示个人性格是：交际——孤独，愉快——忧郁，平静——激动，冲动——计划，主动——冷漠，责任——随便，等等。

他评。例如，把卡特尔分析的16种性格特质编成160个题目，每一种特质分为7级，列成评定表。让了解被试的人（同学或熟悉学生的教师）在每个题目上去评定被试。被试属于哪一级，就在哪一级上画个记号。这种方法较适于同一班级内互评。

评定法所得结果常常用来作为检验其他测定方法效度的标准。但是，有两点可能影响评定法的科学性：一是评定者在性格特质的判断上形成定式，因不喜欢一个人的某种特质，就认为他的另外一些特质也不讨人喜欢；二是囿于成见，认为某人有这种特质，也必然有别的哪种特质。

（四）自然实验法

这种测验可在日常情况下进行。由实验者根据研究的目的，创设各种实验情境，观察被试在情境中的反应，由此测定其性格特征。有的学者称这种方法为情境法。例如，新生入校后，教师组织一次郊游。一方面，同学之间会很快建立起感情；另一方面，教师仔细观察每个人的表现，可以从中看出，谁性格内倾，谁善于交际，谁有组织能力，等等。

通过这种方法了解到的学生性格较自然真实。当然，不能经过一次活动就下定论。要通过一系列的观察方可掌握其性格特征。正确运用这一方法，需要教师非常客观地观察。

（五）综合研究法

这是把观察法、谈话法、作业分析及个案调查结合运用。教师有计划地观察学生的各种行为表现；利用谈话了解他在各种情况下的态度和行为；分析学生的作文、日记，了解他对各类事物的态度；向熟悉学生的人员（父母、教师、同学等）调查，了解他的过去。然后系统整理分析所获得的材料，综合判定其性格类型。这是目前教师常用的一种较有成效的方法，但费时较长，且不易做定量分析。

以上几种性格测定方法各有利弊。最好是从实际需要及客观条件出发，选择一种或综合运用几种测定方法，以便把各种结论比较、补充，做出更符合客观实际的判定。

第四节 雷蒙德·卡特尔的因素分析法

一、雷蒙德·卡特尔因素分析法简述

卡特尔，人格心理学家，1905 年生于英国得文郡。他在伦敦大学研究生院攻读心理学期间，就追从于著名的心理统计学家斯皮尔曼。斯皮尔曼发明了因素分析法，并把它用于智力研究。卡特尔受其影响，在人格理论中广泛运用因素分析法。

在卡特尔的理论中，"因素"等同于"特质"，即人在不同时间和情境中都保持的行为形式和一致性，是人格的最小单位，是砌构人格的积木。因素分析是发现特质的方法。

因素分析的基础是相关的概念。当两个事物一起变化时，即称为相关，两个变量之间的相关强度在数学上用相关系数表示。

卡特尔的因素分析是一种借助相关概念的统计技术。它用多种方法收集测量资料，计算各测量间的相关，确定哪些个别行为是彼此有联系的，以寻找一组相关来确定人格因素（特质）。

因素分析的程序如下：

（一）以各种方法尽可能多地测量大量个体

基本的测量方法有三种：

1．生活记录。记录各个人每天的行为，他们的学校生活或社会活动情况，所归属的团体以及学业分数、品格评语等。

2．问卷。要求被试人勾画自己的行为特点或回答一些问题，以获取被试人本人的自省报告。所得答案可能代表被试人的真实情况，也可能通过某些问题来测定自我隐蔽和假装的特点。

3．客观测验。设计心理实验，记录被试人在实验测验时的反应。例如，对被试人进行词的联系测验，主试人说一个词，被试人应答一个词。卡特尔认为这样获得的资料最为合用，这些客观测验是某种现实情境的缩影，被试人的反应是他日常行为的微型，但被试人本人并不知道这些反应与正在测定其人格特点之间的关系。

（二）用所得资料计算各测量间的相关，描出一个相关矩阵

（三）检查相关矩阵，找出各测量间的相互相关（群）

矩阵分析是在如下假设的基础上进行的：

1．两个测量所测若为相同的东西，则会有类似的结果，即两个测量若测的是同样的能力，则会有较高的相关。

2．两个测量的一致（相关）程度，即表示两个测量所测内容的类似程度。

在第二步列出的假设矩阵中，测量 A、B 和 C 彼此完全相关，但它们与测量 D、E 没有共性。测量 D 和 E 彼此相关，但与 A、B、C 毫无共同性。这样，这个矩阵就区分出了两组相关，一组由 A、B、C 测得，另一组由 D、E 测得。这种寻找一组相关的方法称为"群的分析"，一组相关所测的同样能力即为一个人格因素（特质）。

卡特尔用因素分析法揭示了几个特质范畴，有个别特质和共同特质、表面特质和根源特质、体质特质和环境形成特质，还有能力特质、气质特质、动力特质等。这里仅就相关的方面略做说明。

表面特质和根源特质。表面特质是彼此关联的可以观察到的特质的集合，如受教育越正规的人看电影就越少，这种表面的简单特性的组合对一个人的人格说明不了什么。根源特质是行为的根源，是人格结构最重要的组成部分，支配人的一贯行为。每一表面特质可由一个或多个根源特质引起，一个根源特质则能影响几个表面特质。表面特质是根源特质的表现形式，根源特质是人格的元素。卡特尔认为，每个人都拥有同样的根源特质，只是强弱程度不同。如"智力"这一根源特质在每个人身上的强度会影响这个人的许多方面。

经多年的广泛研究，卡特尔概括出 16 种根源特质，并与人合作设计了著名的 16 种人格因素（16PF）问卷，主要用以进行团体测量。

体质特质和环境形成特质。前者是遗传决定的，后者来源于后天的经验。一个根源特质只能来自其中之一。16PF 中有些是体质特质，有些是环境形成特质。

二、因材施教与层次教学法

分层教学，就是在教学过程中，针对学生不同的个性特征与心理倾向，不同的知识基础与接受能力，设计多层次的教学目标，运用不同的方法进行教学，从而使全体学生都能在原有基础上学有所得，先后达到教学大纲的要求。

（一）层次教学法符合学生学习心理，更能有效地调动学生学习积极性

学生需要自主的学习，使自己主动地接受知识，而不需要教

师强求一致的填鸭式教学。分层定标教学就是承认学生的层次差别，根据不同层次学生实际实施教学，这样，不同层次的学生都能在教师的辅导下愉快地学习，解决学习中的问题，从而激发学生的求知欲，提高学生的学习自觉性。加上教师鼓励竞争，并及时表扬和调整目标要求，符合学生的好胜心理，更进一步激发学生内动力。同时，教师一方面重点辅导了中下等生，为他们学习扫清了障碍，教师不需批评学生，学生心里平静，心情愉快，有利于促进中下等生积极性上升；另一方面，教师适当引导了上等生，为他们进一步探索新知识指明了方向，学生觉得自己在不停地向知识的新领域迈进，心里有说不出的愉快，因而也有利于上等生的不断进取。因此，分层定标教学适应于各层次学生学习心理，使学生自主地学习，不但能发展学生的智力因素，而且能培养学生非智力因素，有效地调动学生的学习积极性，杜绝辍学厌学现象的产生。

（二）层次教学法符合人在发展过程中客观存在的个别差异

在人的发展过程中，由于受到遗传因素、家庭因素及社会环境的影响不同，各个人的发展存在着不同的差异，心理学称之为"个别差异"，即一个人在活动中所表现出来的较稳定的个体心理的特殊性。对于青少年来说，其发展虽然经历共同发展阶段，但发展的速度、水平以及发展优势领域则是千差万别。这种差别既表现在兴趣、性格、能力等方面，又表现在同一方面发展的水平与速度上；即使是同一学生在不同方面的发展的相互关系也存在差异。层次教学法着眼于人在发展过程中的个别差异，有的放矢，区别对待，就能取得好的教育效果。

（三）层次教学法的精髓是因材施教的思想

孔子说，教育学生要"视其所以，观其所由，察其所安"，即教育学生要看他的所作所为，了解他的经历，观察他的兴趣和爱好。孟子继承发扬了孔子因材施教的思想，强调了教学方法的变化。他说："有如时雨化之者，有成德者，有达材者，有答问者，有私淑艾者。"意思是说，教师的教学方式，有的像及时雨滋润花木一样施以化育之功，有的适宜在道德品质方面培养出德行高尚的人，有的能成为某方面的人才，有的只能就其提出的问题做些解答，还有的不能直接接受教育，只能给予间接的教育影响。宋朝的张载认为，"教人至难，必尽人之材，乃不误人"，若教人"不尽材，不顾安，不由诚，皆是施之妄也"。意思是说，教师如不能因材施教，不顾学生的内心要求，就不能使学生的智力才能得到充分发展，反而会误人子弟。朱熹对孔孟的因材施教思想赞不绝口，他说："圣贤施教，各因其材，小以小成，大以大成，无弃人也。"明朝的王守仁主张教学应随学生的"分限所及"，说的也是教育教学不能套用一种模式。可见，以学生发展存在的差异性为前提进行教育教学的思想是我国古代教育家所一贯崇尚的，也是我们今天教育教学必须遵循的一条重要原则。

班级学生存在着事实上的层次性，每一层次学生对教师教学有不同的要求，他们都希望教师能满足他们的要求，而课堂教学习惯上对全体学生统一要求、集体辅导，这样的教法，教学内容既不能适应学生不同层次要求，也不可能每教完一个新内容对每个不同层次的学生一一进行相应的个别辅导，因此，因材施教原则也就难以贯彻。而分层教学则适应不同层次学生的文化基础和学生心理，有利于提高学生自觉性。由于同一层次学生学习基础悬殊小，对教师教学要求趋于一致，有利于教师分层教学和辅导；又由于教师分层教学和分层辅导充分体现了因材施教原则，教学内容和方法符合各层次学生的实际接受能力，教学能使不同层次的学生各有所得，"吃不饱"和"吃不了"的问题便能得到解决，达到全体学生充分发展的目的。

（四）层次教学法符合教学的可接受原则和掌握学习的策略

苏联教育家巴班斯基指出："可接受原则要求教学的安排要符合学生实际学习的可能性，使他们在智力、体力、精神上都不会感到负担过重。"捷克教育家夸美纽斯更明确地指出："教给学生的知识，必须是青年人的年龄和心理力量的许可。"美国著名教育家、心理学家布鲁姆认为，造成学生学习差异的主要原因并不在于遗传与智力，而在于家庭与学校的环境条件。因此，他说："世界上任何一个能够学会的东西，几乎所有的人也能学会——只要向他们提供适当的前期和当时的学习条件。"层次教学法同样把学生接受理想教育作为取得理想教学效果的必要条件，主张照顾学生的个别特点，给予额外的帮助，使学生都能达到掌握的程度。

（五）更充分地发挥了教师的主导作用

教师要充分发挥主导作用，教学方法必须适应学生。因为只有教师的教适应学生的学，学生才能真正发挥他的主体作用，才能主动积极地学习。运用层次教学法，教师的教适应于各个层次学生的学，教师的主导作用与学生的主体作用更趋于一致，师生心理相融，教学互应，更能充分地发挥教师的主导作用。

（六）它吸收了传统教学的优点，配合现代教学手段，能发挥课堂教学的最大效率

层次教学法每教一个内容总是对低层次学生反复讲解，具体指导，"牵着过河"，对高层次学生启发、诱导、指明方向，"指导过河"，既充分运用了讲授法，又充分运用了其他启发式教学方法，在课堂有限的时间里，使每一名学生都不断到达知识的彼岸，

因而能在不加重学生负担的情况下大面积提高教育教学质量。

三、多层次教学的组合设计

教学组织形式表现了教学活动在空间和时间制约下合理展开的结构特征。就教学活动的要素而言，主要有学生、教师、各学科教材，此外，还有教学目的、方法、手段等。我们如果假定在教室这一特定空间展开教学活动，那么，教学组织形式的设计则具体地体现在学生、教师、学时等要素的各自组合以及它们的有机结合上。下面我们试以初中阶段为例，从多层次教学的策略出发进行相应阶段的教学设计。

（一）学生组合

学生组合是指针对教学活动的特定时空而言，学生在数量和质量上的界定。由于世界上没有抽象的学生，也没有抽象而固定不变的最佳学生组合，因而，优化初中学生组合结构的关键就在于，具体地分析初中学生的身心发展特点，并根据这些特点来编制不同类型、不同层次的班级。

初中学生是一群 11 岁至 15 岁的少男少女。在生理发展上，初中生处于青春期；在心理发展上，初中生处于独立性和依赖性、自觉性和幼稚性错综矛盾的过渡期。除了年龄上的个体差异，初中生在身心发展的许多方面也有了日趋明显的个体差异。如智力方面，随着大脑机能的迅速成熟，抽象逻辑思维开始占主导地位；在个性方面，学习兴趣、态度有了较明显的分化，自我意识尤其是"成人感"有了显著发展；在社会性方面，也已经得到了一定的培养……

为了既照顾初中学生的年龄差异，又尽可能地兼顾他们在智力、兴趣等方面日趋明显的差异，初中的学生组合除了传统的年龄班级，还应当建立一些其他类型的班组形式。依改良程度的不同大体上可有以下三种设计：

1. 班级内可按学科的学习成绩建立一些暂时性的学科学习小组。或在学期初，或专门安排时间为某些学生上一节课，以便使他们的水平跟上全班学生的水平。班级内也可按学科的学习成绩建立相对稳定的不同层次小组进行分化教学，但班内分化教学必须遵循两个条件：第一，只有在班外分化基础上，班内分化才可能有效；第二，班内分化的对象只是教学的条件、方法和方式。

2. 年级内可放弃某些学科固定的班级组合。依据初中生在某些学科中表现的不同差异，分成不同层次（或类型）的若干班级，同时上某门学科的课。如数学、外语可以按 IQ 或学习成绩分成 A、B、C、D 若干不同层次的班级；艺术学科可以按兴趣或特长分成甲、乙、丙、丁若干层次的班级；体育与保健则可以按性别分班，等等。各层次班级分别设立教学目标、分别确定教学进度及评价标准。并根据学生在认识和交往活动方面的表现实施各层次班级之间的动态调整。具体的措施有：

（1）取消单元考和期中考，代之以诊断性评价和形成性评价；

（2）定期进行终结性评价，除期末考之外学生可以自愿选择参加与否；

（3）平时作业分层次布置、期末考试分层次命题。学生如果在本层次考试中居后，则酌情"降班"（除 D 班）；如果在本层次考试中名列前茅或通过上一层次的终结性评价，也可以"跳班"（除 A 班）。

这样，每个初中生才有可能既在 A 班学习自己喜爱擅长的学科，以发展兴趣，发挥特长；又在 B 班或 C 班攻读其他一般的学科，以培养兴趣，争取提高；同时还可以在 D 班补习目前尚有困难的学科，以改进方法，保证及格。在照顾学生年龄差异的同时，兼顾学生之间在能力、兴趣、性别等方面的差异，有助于进一步发展学生的学习可能性，简化课堂教学本身的教学法。

3．学校内也可放弃某些学科固定的年级界限。在学校分布相对集中、师资设备相对充裕的地区，可以通过校际合作方式，使全班在同一时间上某门学科的课。这样，一方面可以取消留级制，以"缺什么补什么"的原则，仅仅让不合格的学科在原级复读；另一方面可以建立跳级制，学校定期进行跳级尝试，由学生自愿选择参加与否，允许并鼓励学生全科跳级或单科跳级。

（二）教师组合

教师组合是指针对教学活动的特定时空而言，教师在数量及学科配置上的界定。目前初中学校的教师组合有教研组、年级组两种形式，然而，由于现行分科课程过多，再加上有些学校规模过小，使得不少学校不少学科的教研组形同虚设，其作用也远没有年级组大。这种状况，既不利于教师业务水平的发展，也不利于学校教学质量的提高。因此，在多样化的教学组织形式并存的情况下，采取各种新的教师组合方法来实现多层次教学的目的，是一个十分紧迫而重要的问题。教师组合的设计大体上也可分为以下三种：

1．采用班级教学的学科教研组可依年级建立"教师小队"。每个教师小队负责本年级各班的教学工作，教师在小队内可轮换担任主讲教师、辅导（或实验）教师等角色。主讲教师负责班级讲授；辅导（或实验）教师则辅导作业，开展实验、组织活动，承担班主任工作。小队由教师自愿组合为主，具体分工由教师自行商议决定。这样，不仅有助于促进教师之间分工协作，创建共同负责、协同教学的施教环境，而且随着义务教育综合课程的开设，也为担任综合课程教学任务的教师提供了一条相互学习邻近学科知识的在职进修途径。

2.采用分组教学的学科教研组则可以跨年级建立"教师小队"。每个小队负责不同年级若干层次班级的教学工作。如教师甲教初二 A 班和初三 D 班的数学，教师乙则负责初二 D 班和初三 A 班的数学教学，甲与乙组成的小队必须在初二、初三两个年级进行合作。虽然这会在备课方面增加教师的工作量，却在课堂教学方面简化了复杂的教学过程。

3.采用分组教学的某些学科教研组也可按校际合作方式建立"教师小队"以尽可能地创造全年级，甚至全校在同一教学时间进行同一门学科教学的条件。

（三）学时组合

学时组合是指教学活动的每一课时单元在时间上的界定。长期以来，学时是固定不变的时间常量，不论课程性质，不论学生差异，在学时上都是严格的整齐划一。初中45分钟的学时常量虽然避免了教学的无序状态，但教学是一个动态的过程，以学时常量去包含教学内容和教学对象的变量，终究会有许多不适应之处。

首先，课与课之间被分成一段较长的时间间隔，使得每一节课的教学都得重视上下衔接，提高幅度，从而造成了某些学科在长时间内教材内容过于分散的现象。

其次，学时常量的机械性违反了不同学科所具有的不同的认知周期规律。如外语是实践课，用在会话训练上的时间自然要多些，而自然课则要排上演示实验的时间。

再次，学时的固定性、学时组合的零碎性和分散性，不仅难以维持学生持久的兴趣和注意，而且妨碍着初中生的学习准备，使学生难以从整体上把握教材内容的结构。学时的整齐划一也难以适应学生水平的参差不齐。

因此，分层教学作为组织集体教学的新策略，则主张对学时组合进行如下尝试性的设计：

1．分组教学的学科日课表以"同一时间安排同类学科"为原则编排。

2．不论何种形式教学，教师都应意识到模块课时的存在，意识到学生层次的存在，从而使每一节课都尽可能留出一点时间，为学得慢的学生提供补救措施，为学得快的学生提供扩充和加深活动。

3．由于初中生的主动注意力较小，学生注意力稳定、集中，每一节课均可保持四十分钟左右。在合理组织和改进教学方法的条件下，还可延长主动注意时间。因此，初中阶段的某些学科可适当增加模块课时。如英语、自然可由原来的三个模块，增加到4-5个甚至更多的模块课时，以便于教师在一节课中变换教学方法和手段，使教学过程更接近认知过程。

四、层次教学的五条途径

（一）科学地制订教学目标

教育所期望的学生变化，便是教育目标。而教学目标就是学科教学范围内的教育目标，它使教学过程既具有方向性和科学性，又具有客观性和可测性。制订教学目标的前提条件是三精心：精心钻研教学大纲，精心研究教材，精心了解学生。三者缺一不可。在制订具体目标时，一要注意认知、情感和动作技能三个领域相结合，二要注意内容要点与水平层次相统一。就认知领域来说，可依据布鲁姆的教学目标分类学，将其学习水平分为识记、理解、应用、综合、评价五个层次。识记，是指能够储存和提取学习过的材料；理解，要求对学习材料能进行内部分析，即掌握内部各要素之间的联系；应用，是指能解决与学习材料直接有关的问题；

综合，则指能掌握学习材料与本学科中其他有关材料之间的联系，以及与其他学科中有关材料的联系，并能解决具有这种复杂联系的问题；评价，要求能对学习材料进行价值判断，并能在此基础上创新，解决未曾解决过的问题。识记与理解是对基础知识的要求、运用与综合，是属于对基本能力的要求，而评价就属于智力要求了。

教学目标的层次要明确而具体，从整体上说要将学期教学目标、单元教学目标和课时教学目标分解为基本目标、中层目标与发展目标三个层次，并给予明确、具体而有序的规定。其中，基本目标是指全体学生可以掌握的识记、理解、简单运用以及分析中较为简单浅显的部分；中层目标是指大部分学生可以掌握比较复杂的运用和分析部分；发展目标是指基础好的学生可以掌握复杂分析以及综合运用部分，能进行大纲范围的拓宽和教材内容的加深。

（二）客观地把握学生层次

要做到客观地把握学生层次，必须深入了解学生、研究学生。作为整个教学活动的主体，由于能力、兴趣、动机、学习方式的差异，学生接受教学信息的情况也就有所不同。鉴于学生在身心发展方面的特点，往往许多有学习潜力的学生由于种种原因缺乏良好的心理素质，因此，对学生的层次单纯地以入学成绩为依据机械地分类，偏差较大。对学生的层次做科学的分析可采取模糊聚类分析、相关分析、综合评判及动态特征的系统论法进行分析研究。其具体做法可先根据入学成绩将学生大致分层，并注意各科成绩，有意识地注意由于某种特殊原因而考的最差的学科；然后将入学一年的四次期中、期末考试成绩与入学成绩比较，初步认定学生的层次；再根据平时对学生的智力因素与非智力因素的考查，进行综合能力评判，特别要注意有个性特点的学生的综合能力评判；

最后要以动态的观点来观察学生所处的层次。值得注意的是，学生所处的层次不是一成不变的，要随时注意层次的变化，因人因时制宜，调整教学方法与要求。

（三）灵活地选择教学方法

选择教学方法，就是寻找达到教学目标的途径，如何针对不同基础的学生采取不同的方法以达到既定的教学目标呢？至少可以从以下五个方面去考虑。一是学法指导。基础差的学生应以模仿性学习为主，通过简单模仿的方法，找出规律，而基础好的学生应以创造性学习为主，举一反三，发散思维，在质疑解惑中发展智力、培养能力。二是把握教学的速度。在基础概念和基础知识的教学过程中，应以大量提问和练习加以训练与巩固，使绝大多数学生能够掌握，做"低速"处理。但在设计高层次问题时可适当加快，以满足尖子生的学习要求。三是在例题配备时应区别对待。对同一例题应体现不同的教育对象的不同要求：对基础差的学生要求是一题一解，就题论题，落实大纲要求；对基础好的学生可以要求一题多解，对同一例题可以从不同的角度去启发引导一题多变。四是在落实知识点时，应放缓坡度，注意梯度；对基础差的学生是依据教学大纲落实单一知识点；而对基础好的学生就是对这一知识点经过横向联系内在分析达到广泛的落实。五是重视反馈矫正环节。这一环节的重点对象是差生。总之，就是要选择适合学生的教学方法。

（四）有效地实施个别指导

个别指导的成功与否，直接关系到上、中、下三部分学生能否各自在原有基础上得到提高，这也是层次教学至关重要的一环。要有效地实施个别指导，在形式上要注意做到四个结合：集体与个别相结合，即大面积的问题集体辅导，个别性的问题单独指点；

讲解与自学结合，即教师在讲清关键、要点的基础上鼓励学生独立思考，个人钻研；课内与课外结合，即课内来不及矫正与加深的，应安排在课外或通过第二课堂进行或适应延伸补充；校内与校外结合，主要是同学生家长取得共识，相互配合，共同落实教学要求。在实施个别辅导时还要注意针对性，不能无的放矢；注意及时性，不能让学习过程中的失误积累；注意反复性，不能简单急躁。

（五）成功地沟通教学情感

教与学，是一个事物的两个方面，教学能否达到预期目的，是师生相互理解、相互配合、相互支持的结果。情感靠教师去沟通，健康的感情纽带靠教师去构建。教师要热爱学生，要热爱全体学生，同时坚信每一名学生都是能够成才的，要给予不同层次的学生以具体的关心和帮助。无论是辅优还是补差，都要伴之以强有力的思想工作，不断地给予鼓励与支持，使他们具有明确的奋斗目标，建立起取得优异成绩的自信心。对于差生，要"偏爱"，要给予更多的关心与帮助。

五、"层次教学法"的操作要义

（一）分层编组、按组定标

教师在了解学生情况的基础上，根据学生知识智能实际，按学科把学生分成几个层次不同的学习竞赛小组，分组的目的是适应学生学习要求，便于教师辅导，增加学生学习兴趣，提高学生竞争意识，引发求知欲，培养学生智力因素和非智力因素。分组不打破学生座次，不宣布学生等级。分组后根据教学大纲向各组分别提出不同的要求。这种只宣布每组学生姓名和对每组人员分别要求的方法，不但不会伤害学生自尊心，而且能使学生感到成功的希望；学生强烈的荣誉感，好胜心又激励自己向目标迈进。同时鼓励组内竞争，对进步大的学生及时给予奖励并恰当调整其要求，符合学生好胜心理，能培养学生的注意力、意志、毅力等非智力因素，进一步诱发学生内动力。

（二）分层教学

教师根据知识的系统性原则、控制论原理和学生实际，将课堂教学和作业设计分成几个相应的教学层次。

在统一授课，重点抓好基础知识教学，保证低层次学生完成学习任务的同时，根据不同层次学生的目标要求，适当分层发散学生思维，使上等生"吃得饱"、下等生"吃得了"。实际上，由于不同层次的学生"食量"（接受能力）不同，分层教学的目的是要尽可能让每个层次的每一名学生都能"吃饱""吃好"。如在教"求一个数的几分之几是多少"的应用题时，可分这样三层画线段图教：①第一中学买了40000块砖，盖房用去3/5，用去多少块？②第一中学买了40000块砖，盖房用去3/5，还剩多少块？③第一中学买了40000块砖，盖房用去3/5，修码头用去剩下的1/4，修码头用去多少块？先集体授课第一层，布置低层组学生适当练习，再分别引导中、高层次组学生学习第二、三层知识（不要求全部掌握），并布置相应的作业。然后回过头来检查和指导第一组学生学习情况（要求人人过关）。在分层教学中注意及时发现学生学习中存在的问题并加以指导，特别是对低层次学生中存在的问题重点指导，引导低层次学生"过河"，指导高、中层次学生"过河"，为每名学生掌握新知识内容，到达知识的彼岸，开发学生智能创造了条件。

（三）分层辅导

教师根据学生信息反馈，利用复习课和练习课按复式班教学形式进行分层辅导。

如在教学分数的基本性质后，可分这样三层辅导不同层面的学生：浅层辅导；深一层的辅导；较深层次的探讨辅导。在重点辅导好中、下等生后，适当引导他们向较深层次探讨。这样的分层辅导，弥补了分层教学的不足，使分层的目标要求进一步落实；同时又满足了各层次学生的学习要求，下等生不会感到负担过重而自暴自弃，上等生也不会因教师教学"炒现饭"而厌恶学习。这样，他们各自得到了相对满足，又赢得了自身的发展。分层辅导有效地利用课堂教学时间扫除学生进取道路上的障碍，能使每名学生获得成功。

（四）分层调整

为激发学生的学习积极性，必须实事求是地评价和要求学生。每教完一个单元或完成一个月的教学，教师对学生学习情况进行一次小结，表扬勤于思考、勤奋学习的学生，树立学习典型，增强学生的荣誉感和进取心，半年一次总结，重新分层定标，既对每个层次的学生适当调整奋斗目标，也对能提升一个层次要求的学生提升一个层次要求，并发给学生学习积极分子或进步幅度大的荣誉奖状。这样就能使同学们及时地看到自己的进步，不但符合学生的好胜心理，增加学生的学习信心和竞争意识，而且能在学习过程中培养学生的非智力因素，形成奋发向上，不断进取的学风。

六、层次教学法的课堂教学结构

课堂教学结构是指课的组成部分及其进行的顺序和时间分配。课堂教学的诸环节能否实现最佳排列与组合，对于合理地规划和操作教学程序，科学地分配教学时间，全面协调教与学的活动，以致在有限的时间内实现教学最佳效率具有十分重要的意义。

层次教学法的课堂教学结构一般由明确目标、同步讲授、分化训练、回授调节四部分组成：激励、导向——启发、释疑——反馈、矫正——总结评价。

明确目标：在开讲时，运用设置悬念、情境，加入复习、练习、演示、实例等多种方法导入新课，并揭示本课的基本目标、中层目标和发展目标，引起质疑，激发学习兴趣与热情，帮助学生树立起成功的自信心。这一环节的基本要求是四个字：激励、导向，时间约 3 分钟。

同步讲授：按本节课知识有机联系有不同层次目标的综合要求，合理地组织教学内容，要运用有意注意与无意注意相互配合相互转换的规律，形成有张有弛变而有序的课堂教学节奏；让不同类别学生的心理活动指向并集中于不同层次的教学目标，思考、释疑，以促成教学目标的实现，时间大约 20-25 分钟。

分化训练：让中等生、优等生和差生分别针对目标使用主体练习题、探索性练习题和基本练习题进行训练，教师行间巡视，注意观察，重点了解，掌握情况，并灵活地指导、纠错与补漏。这一环节里，学生的主要任务是练，而教师的主要任务就是矫正，时间为 10-15 分钟。

回授调节：这一环节实际上是针对反馈来的信息，做总结性评价，对普遍存在薄弱点或个别来不及矫正的问题进行"补救"，以实现预定的教学目标。

第五节　因材施教的教学法

一、五步分层递进教学法

这是上海市教育科学研究所承担的全国教育科学"八五"重点课题"初中学习困难学生教育的理论研究"的阶段性研究报告之一，课题组长为钱在森。

分层递进教学着眼于协调教学要求与学生学习可能性的关系，使之相互适应，从而推动教学活动的展开。这一教学赞成达尼洛夫的观点，认为学生学习的可能性与对他们的要求之间矛盾的对立统一关系是教学的动力，两者之间的对立统一关系被破坏是学业不良的基本原因。学生的学习可能性是由生理和心理的一般发展水平与对某一项学习的具体准备状态决定的，学生学习可能性的构成因素中既有相对稳定的因素，又有易变的因素。学生学习可能性中相对稳定的因素决定了学生在一段时间内可能达到的学习水平的范围，决定了学业不良学生要取得学业进步只能是一个渐进的过程，也使学业暂时不良的学生有可能迅速排除障碍。学习可能性中的易变因素使学生能在一定的主客观条件下提高或降低自己的实际可能性水平，从而促进或阻碍学习可能性与教学要求之间矛盾的转化，加快学习成绩提高或降低的速度。一些优秀教师之所以能比较快地提高学业不良学生的成绩，重要原因之一就是他们善于使学生学习可能性中的易变因素成为一种积极的力量。因此，教学要求与学生学习可能性应是一种积极的适应：

第一，要调动学生学习可能性中的易变因素，提高学生的具体准备水平；

第二，要将教学要求置于学生的最近发展区中，促进学生的发展；

第三，要使学生的学习可能性水平与教学要求在两者都不断提高的过程中相适应，成为动态的协调过程和递进的过程。

分层递进教学，包含了以下五步：

（1）学生的分层：根据学生的学习可能性水平，将全班区分为若干层次；

（2）目标的分层：确定与各层次学生的实际可能性相协调的

分层教学目标；

（3）分层施教：通过面向全班（或某一层次）学生的教学活动、学生的自学、小组合作学习、教师有重点的辅导、有不同层次要求的作业等途径，实行分层区别教学；

（4）分层评价：通过形成性评价，及时了解学生达到分层教学目标的程度；

（5）分层提高：及时矫正、调节，确立新的目标。

（一）学生的分层

学生的学习可能性分为两个相互联系的概念：一般学习可能性与具体学习准备。了解和研究学生、对学生进行分层也可相应地分为两步，一是了解学生的一般学习可能性，将学生分成在一段时间内相对稳定的层次；二是了解各层次学生的具体准备情况，根据本单元或本节课的任务，临时调整各层次的对象，这两步的目的是为了在切实了解学生的准备状态后，能使教学要求对于各层次的学生更加适合，至于将学生分层，只是了解学生学习结果的表现形式。

许多教学效果一贯较好的教师的经验表明，了解学生能使教学活动对于每一名学生都更为有效。在苏联关于防治学业不良研究的文献中，几乎无一例外地强调了研究学生对于区别施教的必要性。布卢姆等人重视在教学活动开始前进行诊断性评价，也是为了"使教学适合学习者的需要"。

对于学生一般学习可能性的了解和研究，涉及的面应该比较广泛，如有可能应该对影响学生学业成败的各种内部和外部因素进行考虑，方法可以多样化，周期也可以长一些。苏联的研究者提出了以下需要包括的内容：学生的学习技巧、思维和记忆的发展水平、知识面、健康状况、日常生活条件、小环境的影响、学生的自我评价、对集体、教师和学校的态度等。研究的方法通常采取观察法、专家鉴定、借助问卷表和登记表、家长和学生座谈等。在群众性的实践中，教师的观察起决定性作用。

在每一教程、每一单元或每一课前对学生准备状况的了解有一定难度。有些研究者比较重视在课的开始阶段的检查。如巴班斯基把这一阶段称为"检查学生的学业程度"，主要通过提问来了解学生的知识和技能的准备情况。M·N·马赫穆托夫把这一阶段称为"现实化"，在把以前的知识变成现实的、此时此刻需要的知识的同时，"评价某些学生对感知新教材的准备程度"。

通过课堂提问来了解学生的学习准备情况是一种十分简便易行的措施，有经验的教师可以从中获得有价值的信息。它的缺点是能了解到的信息比较有限，不容易反映出学生普遍的准备程度。

此外，学生的准备状况是多方面的，也有必要采取多种方法加以了解。对于部分常因学习兴趣、态度等问题影响课堂学习效果的学生，教师在课前的询问、上课开始时的观察，也有助于了解他们在情感方面的准备情况。

（二）教学目标的分层

分层教学目标可以分为两类。一类是根据学生一般学习可能性层次提出的较为长期的分层目标。这些目标与学生的学习能力、习惯等因素有关，需要比较长时间才能形成、见效。例如，有一位中学语文教师，将初三一个班的学生按原有学习习惯的基础分成四层，提出了一年内要达到的同学习习惯、品质有关的四层目标：

低层目标——认真预习、认真听课、完成作业、书写讲求格式、不懂就问；

中层偏低目标——除达到上一级目标外，还应主动自求、勤读勤写勤修改、质疑讨论；

中层偏高目标——除达到上两级目标外，还应快速读写、讲求时效、完整表达见解、独立钻研与彼此切磋、多读多写多修改；

高层目标——除达到以上各级目标外，还应自读自写、自评自改、自结自测。

在每一单元教学前对学生的准备水平进行诊断以后，需要形成具体的分层目标。这是在最近几节课内要达到的目标。制订分层目标比较棘手的问题是如何处理与大纲、教材的关系。苏联的一些研究者（如 M·A·达尼洛夫、科罗列夫）对如何根据学生的不同实际可能性来改进大纲和教科书给予很大的关注，提出了必须在教学科目的内容中区分出不同掌握水平的材料。布达尔内进一步提出应在教材中区分出：最低限度的大纲材料，全部的基本材料，基本材料加上加深的材料。

另一个问题是在向学生提出分层目标时，如何做到既适应学生目前的学习准备水平，又能促使学业不良学生向高一层次递进？T·斯杜尔宾纳斯在他的研究中为落后学生设计了三种类型的问题和作业：

第一种是准备性的，完成这一水平的任务，有助于学好应掌握的内容；

第二种是赶上中等水平的，学业不良学生在完成这些作业的情况下，就能与中等学生处于同一水平上；

第三种是前景性的，学业不良学生如能完成这些作业，就能处于全班学习活动的前沿。

如把远期目标与近期目标结合起来，形成明确、具体的阶梯，引导学生层层递进，根据三层次学生现有的基础水平，拟订从朗读起步培养阅读理解能力的适用半年的分层递进目标。这个目标系列共分三层七级：

1．能用普通话朗读，不读错字；

2．能读得比较流畅，不读破句；

3．能在朗读时读出表情；

4．能脱离书本，比较正确地复述出故事大意；

5．在复述故事时，能运用原文中的好词好句；

6．能对原文中的好词好句进行分析、评论；

7．能对文章中某一片断进行书面的分析、评论。

低层学生从第一级目标开始，半年内达到第三级；中层学生从第三级目标开始，半年达到第五级；高层学生从第五级目标开始，半年达到第七级。第二至第七级目标都以达到前面的目标为基础。

（三）分层施教

这一阶段占用了课堂教学的大部分时间，要解决的关键问题是，如何使全班同学在45分钟充分、有效地学习，各得其所。为了解决这个问题，必须处理好两个关系：全班教学与分组教学的关系，教师指导与学生自学的关系。一般而言，解决共性的问题采用全班教学，解决反映不同层次个性的问题时采用分组教学。对于中等以上的学生，教师要提出明确具体的学习任务，着重培养他们的独立学习的能力。在学生独立完成任务的过程中，教师适当点拨。对于学业不良的学生，教师多加辅导，并创设一些机会让好学生来帮助有困难的同学。

分层施教的主要形式有以下几种：

1．分层作业

具体做法为，将班内学生按不同的基础分成三个层次，编成同质小组，向三组学生布置三种作业，并采取三种作业批改方式：基础差的小组——基础题＋补缺补差题，教师当天面批，学生当天订正；中等生组——基础题，教师全部批改；基础好的小组——

基础题＋提高题，教师每次只批 1-2 本，其余由学生自己核对，组长检查。

这种形式简便易行，有一定效果，但不涉及授课的分层，分层目标完全由教师确定，通过布置作业和批改加以落实。

2．临时同质班

做法是：每周三将一周内全年级在语、数、外三门主课学习上有困难的学生分别集中起来，编成临时补习班，对一周内所学内容进行补缺补差，帮助他们打好基础。不参加补习班的同学进入提高班或参加兴趣小组活动。

3．同级复式教学

这是在小学数学教学中的试验。他们将同班学生按程度和智力的差异分成甲、乙两组，实行教材统一、进度统一、要求有别的教学。在根据基本要求进行教学时，采用全班集体教学。按基本要求进行的教学结束后，留出若干课采取复式教学，甲组在原教材基础上横向扩展、加深、提高灵活度；乙组针对本单元中存在的问题进行补课，并为下一单元的学习扫清障碍。他们的试验对于人们探讨如何在同一个教室里面对不同层次的同级学生进行教学，是很有启发的。当然，到了中学阶段，学生学习分化情况更加严重，学生层次更多时如何进行教学还有待探索。此外，按这种分组方式，组间学生流动是很困难的，是否容易带来一些负效应？为了避免由于分组而造成学业不良学生受歧视、形成消极的自我概念，分层的可变性是应该重视的。采用班级内异质分组的做法，增加不同类型学生的互助合作，也不失为一种可以一试的措施。

（四）分层评价

经常性的反馈是提高教学有效性的保证，对于学业不良的预防和克服来说，及时的反馈尤为重要。这一方面是因为学生的学业不良是学习障碍不能及时排除，并逐渐积累的结果，及时的反馈有利于及时发现刚刚出现的障碍；另一方面，由于分层目标能比较适合学生的学习准备水平，因而学生成功的可能性会大大增加。让学生及时了解自己的学习结果，具有加强学生内部学习动机的作用。

尽管布卢姆在他的书中对于形成性评价的做法已经说得十分清楚，中小学教师运用它也几乎毫无困难，但在实践时，仍需提醒教师注意：

第一，形成性评价的目的是了解学生达到各项教学目标的程度，而不是对学生分等，或仅仅取得一个可以记到学生手册上的平时成绩。

第二，形成性评价可以在教学进程的任何时候进行，其方式也是多种多样，提问，观察，布置课堂练习、家庭作业等，都可以提供不少有用的信息。一种可以收集到比较全面的反馈信息的方法是每个单元教学结束前进行形成性测试。对于广大教师来说，形成性评价的意识与手段同样重要。

（五）矫正、调节，分层提高

这一环节被认为是使班上大多数学生都能掌握每一项学习任务的关键环节。这一阶段的工作包括三个方面：

1. 对未达标的学生采取补救措施

对于一些较多学生不能正确回答的试题，通常要在课堂上由教师采取与原先不同的方式来讲解。课内外组织异质小组互帮互学是一种很好的形式。对于一部分困难较大的学生，课外辅导是不可缺少的。

2．鼓励顺利达标的学业不良学生向高一层目标努力

由于制订了分层目标，所以一部分学业不良学生有可能在几个单元学习中都比较顺利地达标。这时就要鼓励他们以后按高一层次目标的要求进行学习。

3．调整教学要求，改进教学方法

形成性评价所提供的反馈，可能显示了教学上的某种失当，这时也需要及时加以调整。

未进行过上述实践的教师常常会提出，反馈和矫正都需要占用一定的时间，岂不会影响教学进度？我们在实践中发现，目前在各科的课堂教学中，"水分"普遍较多，压缩出一定的课时并不会影响授课质量，而节省下来的课时用于进行形成性测试和采取补救措施，则可以收到事半功倍之效。而且，如果每一次都能使大多数学生很好掌握的话，以后的教学可以进行得更为轻松。因此，即使开始时要多用去一些课时，以后还是能补上的。有经验的教师在教学中注意"章章清、节节清，问题不过夜"，要求学生每次练习、测试后都要做到"事后一百分"，这是在教学中及时反馈、矫正的有效经验总结。

二、"四分"教学法

江西省南昌市三中教师张富从育人出发，按照时代需要，在听说读写的教学活动中，激发学生进取精神，培养自求习惯，提高创新能力，掌握高效方法，使他们具有"过目入耳能掌握，出口下笔可成章"的能力。为此，采取了"四分"教学法的实验。

（一）分程度级

按学习情况将全班学生分为甲、乙、丙、丁四个不固定的程度级，以后再随时根据变化调整升降，促使基础好、自觉性强的更好更强，基础差、自觉性差的变差为好，以最佳情绪和心理积

极投入学习活动。

（二）分学习组

按不同程度精心组织"两张桌子四个人"学习小组。开展独立钻研，小组讨论，大班讲授，个别辅导，彼此切磋等多种形式教学。促进学生互教互帮，共同探讨的学风，调动学习积极性。

（三）分学课与习课

学习过程有接受知识的"学"，又有将知识转化为能力的"习"，而相当多的学生却存在"重学轻习"的偏向。为此，将课时分为学课（每周3课时）和习课（隔天一节）。学课指导学生学好教材，习课则有间隔地分几次有重点地进行听说读写训练，从而收到知识巩固、迁移、创新的效果。

（四）分读、做、改、比四个步骤

读，包括读和听，是吸收；做，包括写和说，是输出；改，是明辨正误，改错提高；比，是评价，看到进步，找出差距，再求进取。学课进行读、做、改、比活动，以读为主，目的是熟悉教材；习课再读、再做、再改、再比，以做为主，为的是掌握教材。在这个过程中，充分发挥学生的主观能动作用，使教学目的落实在学生身上。

三、"异步"教学法

创造"异步"教学法的根据主要有两条：

一是教师要明确"学"本身的规律。教学活动，学生是学习的主体，应面向全体学生，因此，教师必须调动所有学生的学习积极性和主动性，才能让学生们都有效地学习。二是教学中要体现因材施教的原则。同一班级，学生学习上的差异是个普遍现象。能不能调动各类学生学习的积极性，满足各类学生的要求，让他们在各自的基础上都有所提高，既是教学思想问题，又是教法问题。

于是，辽阳市实验中学朱铁男老师提出了按照学生学习程度分组，对各组提出不同的教学要求的教学设想，在实践上被称为"异步"教学法。

（一）备课

1．教学目标分层

实验班的学生彼此在基础知识、基本能力等方面都存在着很大差距。为了达到普遍提高、全面培养的教学效果，有必要对不同层次的学生提出不同的教学目标。例如，在讲一元二次方程根与系数的关系时，提出六个目标：①培养观察分析的能力；②培养发现问题的能力；③掌握定理内容；④对定理会简单应用；⑤会证明定理；⑥综合运用所学知识解决复杂问题的能力（含竞赛题型）。前四个目标面向全体学生，而后两个目标只面向第一、二组学生。

2．教学要求分层

每次课前按三组学生实际情况备课，各有不同要求。第一组除要求切实掌握课本内容外，又适当补充了选学内容。第二组要求达到教材的要求，并略有补充。第三组只达到教材的要求。例题的讲解以第三组学生听懂为准。但练习题就不同了，在课前准备时，把三个层次的题写在小黑板上，以便课堂练习时用。这种做法有利于克服教学只为部分人服务的弊病。

（二）课堂教学

第一组的课堂活动主要是在教师指导下自习，可以在课上讨论，教师适当点拨，组织他们交流不同解法，引导他们进行课堂小结，总结规律，指导课外学习等。在选修课上，根据"教学相长"的教学原则，尝试让尖子学生充当教师角色。每次课前，精选20道题，并提前两天发给第一组学生，让他们做好讲题的准备。学生课前准备不仅能培养他们的自学能力，而且能增强他们学习的主动性。他们会经常找教师和同学探讨各种解法、解题规律等。

对第二、三组来说，课堂活动主要是加强针对性，在教学法上有很大的灵活性，根据学习内容的不同而选用不同的方法。

面向全体学生授新课时，对于教材本身叙述完整、学生具有比较充分的感性知识的情况，如统计初步、三角函数定义、诱导公式等，采用四个环节进行阅读指导教学：

1．布置阅读提纲，帮助学生抓住重点；

2．在阅读中引导学生辨析概念；

3．发动学生提出问题，关键问题大家讨论；

4．通过练习检查阅读效果。

对于学生能自己动手，观察分析能得出结论的内容，不让学生看书，采用"发现法"教学。如讲平面几何的圆周角定义和度量时，让学生自己作图，自己下定义，通过观察得出圆周角度数定理，然后自己去证明得出的结论。这样，一方面可以激发学生兴趣，另一方面有利于培养学生的创造精神。对于一般公式、定理的推导、证明，让学生自己研究并得出结论。对于学生头脑中没有的概念或学生没有学过的数学方法，对于一章的知识结构，采用"讲授法"教学，这样学生掌握快、收获大，当然在讲授中也不断揭露矛盾，分析矛盾，解决矛盾。

在巩固新课或单元复习中，采用"训练法"教学，一般进行五种训练：

1．叙述定义定理，进行数学语言表达训练；

2．辨析易混易错概念，进行类比判断训练；

3．解一题多解和多题一解的习题，进行思维方法训练；

4．搭好梯子，层层深入，进行深化知识层次训练；

5．新旧知识结合，进行综合分析训练。

在集体练习时，盯着第三组，进行"单兵教练"。由于集中到少数人身上面授、辅导，具体解决他们学习中的困难，及时发现他们的知识缺陷，及时弥补，这部分学生增强了克服困难的勇气。同时也能进一步看出教学效果。一般来说，如果他们掌握了，其他学生也就没有什么问题了。

"异步"教学法的关键是小组讨论。由于按好、中、差进行分组，同等学生之间有"共同语言"，他们在学习的内容、学习方法、思维方式以及情感等方面广泛地交流，使课堂气氛十分活跃。在学生们争先发言、表现自己的过程中，教师要注意引导、点拨，要注重激发兴趣，启发思维，并加以适当的讲解，这样就能促使三类学生都在乐学、会学的气氛中学习。

在集体练习时，还可把第三组学生提出的问题叫第二组学生解答，第二组学生提出的问题叫第一组学生解答，这样，伙伴的作用更进一步增添了他们的学习劲头。

（三）作业

作业由浅入深分为四个层次，即练习题、习题、A组题、B组题。在布置作业以前，充分考虑学生的实际，把作业分为三类。对第一组学生，课本上有些题可只看不写，习题和A组题必做，B组题选做，另外还专门布置了一些有思考性、趣味性的竞赛题；对第二组学生，布置课本上必要的习题和A组题；对第三组学生只要求完成课本上的练习题、习题，并补充一些基础题，加强基本功训练。

四、"分层教学，分类指导"教学法

长期以来，我们的教育，特别是小学教育，由于受班级授课制本身缺陷的束缚，教师从备课、授课、作业、辅导、考查到评价，很少顾及好、中、差各类学生的智能差异，均采用"一刀切""一锅煮"的方法进行教学，使得优等生吃不饱，差等生吃不了，中等生难提高，许多学校在升学和竞赛的困扰之下，消极采用留级、补课、"满堂灌""题海战"、弄虚作假等办法来提高"升学率""知名度"。结果造成学生流失率、留级率居高不下，活动课程被挤占，教育教学质量徘徊不前的局面，从而严重影响了九年制义务教育的实施。

所谓"分层教学、分类指导"，即在班级团体教学中，依照教学大纲的要求，从好、中、差各类学生的实际出发，确定不同层次的要求，进行不同层次的教学，给予不同层次的辅导，组织不同层次的检测，使人人有兴趣，个个有所得，在各自的"最近发展区"得到最充分的发展，较好地完成学习任务，全面提高全体学生的素质。具体做法介绍如下：

（一）了解差异，分类建组

各任课教师，对全体实验班学生进行前期调查和测试工作。内容包括学生的智能、体能、心理、学科成绩、在校表现、家庭环境等，并对所获数据、资料进行综合分析，分类建档。在此基础上，将学生分成好、中、差层次的学习小组（分组方式与座位可挂钩，也可不挂钩，因班而异），让师生都明确某一名同学在某一阶段时间内所处的层次。与此同时，师生要共同建立起对教学的乐观态度和真诚的教学信心，使学生正确对待这种分组方式，防止优等生骄傲自满，中等生得过且过，差生心灰意冷等不良状况的产生。

（二）针对差异，分类要求

分清学生层次后，教师要以教学大纲为依据，根据教材的知识结构和学生的认识能力，合理地确定各层次学生的教学目标。

改变过去"一刀切""一步到位"的做法。对差生，教师可采取先慢后快、由浅入深、循序渐进的办法，把教材的训练目标，分解成有梯度的连贯的几个目标，允许差生根据自己的情况，经过一步或几步帮助逐渐达到大纲的教学目标；对优等生，则允许他们超大纲、超进度学习。因此，教师要在教材和学生的结合点上付出艰辛的劳动，准确地把握各类学生知识的"最近发展区"，较好地解决"吃不饱"与"吃不了"的矛盾。

"双分"教学，要根据学生的组类制订教学目标。教学目标常有以下一些类型：以时间来说，有近期目标、中期目标和远期目标；以内容来说，有记忆性目标、理解性目标和运用性目标；以深浅来说，有基本目标、中等目标和较高目标。在制订教学目标时，既要重视教学中的统一标准，突出教学要求的一致性，以保证学生打好坚实的素质基础，又要注意学生的个性差异，突出教学目标的层次性，做到"划一性"与"层次性"两者相辅相成，相得益彰。一方面依据教学大纲提出的目的要求及各年级具体学科的要求，着眼面向全体，进行分类设计，使绝大多数学生能达到目标要求；另一方面考虑目标的弹性设计，提出整体目标的层次要求及各单元教学目标。在制订目标时，做到保"底"而不封"顶"，保证每名学生的求知需要得到满足。综上目标，拟定细目表，提前向学生公布，可增强学生学习全程中的有意注意，便于学生自学、自测，使达标性成功和优胜成功成为可能。

（三）面向全体，因材施教

1. 备课

借鉴复式备课的模式，从教学目标、教学内容、教学时间、教学步骤、教学方法到教具准备，都坚持与好、中、差各类学生的实际相适应。强调针对性，既保证"面向全体"，又兼顾"提优""补差"，使教师在教学的各个环节都能抓住三类学生。

2. 上课

保证在同一节课内既有"面向全体"的"合"环节，又有兼顾各层次学生的"分"环节。大家一般这样安排：分—合—分—分—分—合，即分类自学—集体讲授—分类质疑—分类指导—分类练习—集体小结这"二合四分"的课堂结构。"分"而不离，"合"而不死；不但自然地融入了预习、新授、质疑、辅导、巩固、小结的正常教学程序，而且较好地解决了好、中、差各层次学生间的动静支配的矛盾。便于教师从各类学生听课神情、答题准确率中搜集信息，及时调控教学程序和教学进度，从而有效提高课堂教学的效益。

课始，优等生（或部分中等生）尝试新知（三分钟左右）。通过这个环节，培养优等生自我发现问题和自我解决问题的能力。差生（或部分中等生）配置补偿（三分钟左右）。主要是解决旧知识为新知识搭桥的问题。在学习新知识前，教师通过事先了解，设计出配置性题目，进行诊断练习，对检查出的缺陷进行补偿，扫清新授课的障碍。

初步小结和新授（二十分钟左右）。初步小结是对尝试新知识和配置补偿的扼要总结。在新授时，要注意在同步教学中渗透异步教学，多为差生设置几个台阶，便于他们接受；要努力做到浅者深之，以激发优等生的听课兴趣。

分组精练（五分钟左右）。主要是让好、中、差三个级别的学生分别完成精选的三组练习题中的一组。

复习巩固（八分钟左右）。主要是针对新授与练习中的反馈信息做适当处理，将本节课所学内容系统化，便于学生理解与运用。

目标延伸（四分钟左右）。对优等生，适当提出一些问题让他们思考，设计一点练习让他们探索；对下等生，对他们学习本课中的疑难要诊断，要采取有效方法补救；至于中等生，要求他们自我选择，或赶优，或自我复习巩固。

在以上教学环节中，教师把每名学生的培养和提高都置于自己的视线之中，充分调动各类学生学习的主动性和积极性，有利于大面积提高课堂教学质量。

在课堂教学中，教师一方面要强化目标意识，做到课前揭示各层次的学习目标，课终检验是否达标。另一方面要把握课堂提问的策略，让各类学生有均等输出信息的机会。通常教师在讲授知识时提问中等生，利用他们认识上的不完善，把问题展开，进行知识的研究；在突破重、难点或概括知识时，发挥优等生的优势，启发全体学生深刻理解；在巩固练习时，检查差生的理解程度，及时查漏补缺，帮助他们进一步理解知识。这样，各类学生就能在相互促进、积极主动的氛围中达到获取知识、共同提高的目的。

3. 作业

学生作业分课内、课外两类。课内作业全班统一标准，统一要求。这是根据大纲、教材的基本要求设计的，面向中等生。差生经过努力，也能完成。课外作业则分层设计，量力而行。一是发展深化题，是根据优等生学习水平和教材内容设计的要求较高、难度较大的题目；二是练习巩固题，是为中等生设计的，一般指教材后的习题；三是放缓坡度题，是根据差生的学习水平和教材内容，将课后习题进行分解或给予具体提示。

在每次作业的判分上，做如下改革：①对中等生，做对"拔尖题"，半倍加分；对差生，做对"提高题"，半倍加分，做对一题"拔尖题"，一倍加分。②暂不打分。差生做错题，暂不打分，待他们真正搞懂订正后，给他们打分。③多次加分。针对差生作业中出现的问题，再设计一些题目让他们补练，练一次，进一步，进一步，就加分。这样，差生就从日益增多的分数上，切身体会到经过自己的努力，学习成绩在提高。由于作业的层次不同而形成差距，教师在教学中要逐步使其缩短差距。对于中差生难以做出的题目，教师要采取有效措施辅导，辅导后再选择一些题目让他们练习，使中差生的"赶优"经历这样一个过程："尝试—矫正—再尝试—赶优。"

在分层练习中，教师要积极鼓励低层次的学生向高层次突破，以调动学生求知的积极性。

4. 辅导

一方面侧重于完成现阶段学习任务，培养学生的自学能力。这类辅导以不增加课时，不搞全班性补课为原则，进行多形式、多层次的辅导。具体地说，对差生采取个别辅导方法，辅导内容提倡"三超"，即旧知超前铺垫，新知超前预授，差错超前抑制。使学生在教师的直接指导下，学会思考，完成学习任务，掌握学习方法，逐步形成自学能力；对中等生采取分组讨论、教师提示的方法，当小组无法解决时，教师做适当提示，促使中等生互相取长补短，完成学习任务，逐步提高自学能力；对优等生除给予较多的独立思考和个别点拨外，主要通过帮助成立学科兴趣小组，组织参加各竞赛，参与差生辅导等方法，发挥优等生的潜能优势，独立完成学习任务，迅速发展他们的自学能力。

另一方面侧重于发展学生的个性，激发兴趣、爱好，培养其优良品德和创造才能。这类辅导主要通过丰富多彩的活动课程来实现。具体地说，对中等生和差生主要让他们多参加动眼、动口、动手，培养其观察、阅读、理解、表达等能力的有关活动；而对优等生主要组织他们多参加动脑、动情，培养其思维、想象、创造等能力的有关活动，以此促进各类学生全面素质的提高。

课外活动从表象来看，不受教学大纲的限制，但它的综合性、实践性等特点又无不与大纲对学生的要求有密切的联系。"双分"实验的各学科教师要设计多方位的适应发挥各类学生兴趣、特长与潜能的活动，使好、中、差各类学生都能巩固所学知识，开拓新域，训练能力，发展个性。

学科活动由年级组或教研组或教务处统筹设计安排，纳入教学计划之中。其内容包括课内延伸的活动，学科横向联系活动和综合实践操作活动等。

学科课外活动分两类：一类是年级组织的学科课外活动，一类是班级组织的课外活动。学校根据学生兴趣和人数，或班级组织，或年级组织，在学科课外活动中，优等生参加学科兴趣小组，参加提高性的辅导活动；中等生分学科建立自学小组，参加补缺性的辅导活动；差生建立补课小组，从最低起点开始进行补课性的辅导活动。

各组定活动时间与地点，人数一般不固定，中等生和差生可根据自己的实际情况选择小组，有时可以临时改变，比如差生，有时对某一知识已经掌握了，不要再补了，就可参加高一层次的小组活动。每次活动，辅导教师都有情况记录，这样便于任课教师了解各名学生的课外活动信息。

课外活动既要让学生发挥特长，又要让每名学生得到全面发展。比如某一学生，数学特优，体育很差，那么，在安排其课外活动时，我们既让他参加数学培优兴趣小组活动，又让他参加体育补差小组活动。

5. 考查

实行阶段考查与年级过关相结合。年级过关由教导处根据大纲要求命题，统一组织，决定学生升留级，每学年末安排一次。

阶段考查包括单元、期中考查和一学期的期末考查。一般由任课老师自己针对各层次学生的教学目标命题，实行分类考核。每份试题都包括基本题、提高题和深化题三大类。基本题是面向全体学生设计的；提高题是供差生选做，中等生和优等生必做的；深化题则是供中等生选做，优等生必做的。分类考核后，教师要区别检测的不同结果，采用不同的矫正措施。对已达标的学生，要向他们提出"巩固性"或"扩展性"的目标；对未达标的学生，除通过补课、个别辅导、建立帮学小组等方法进行"矫正帮助"外，还要认真组织平行性检测（对在平行性检测中达标的学生教师要给予肯定、鼓励，让其体验学习成功的喜悦），以确保各类学生都达到预定的阶段目标。

"双分"教学十分重视单元过关检测，是补正学生知识缺漏不可缺少的一个重要环节。单元过关检测一般有以下几个步骤：

（1）复习。利用一节课左右时间将本单元的重要知识进行提纲挈领的复习和提示。

（2）测试。根据教学目标和本单元的知识点设计试题，对学生测试。

（3）分析。分析教和学两方面的薄弱环节，排出测试中不合格的学生知识方面的缺漏。

（4）矫正。利用课外时间，帮助学科不及格的学生补缺，矫正他们在测试中的错误；帮助个别掉队的中、优等生，使他们不落伍。

（5）自结。做自我单元小结，将本单元所学知识进行梳理，尽可能写本单元学习小结。

（6）目标延伸。对个别优等生进行"超目标"训练。

6．评价

对不同层次学生的作业、考卷、回答问题情况，教师要采用不同的评价方法。对学习有困难、自卑感强的学生，采用表扬评价，寻找其闪光点，及时肯定他们的点滴进步，使他们看到希望，消除自卑，品尝成功的喜悦；对成绩一般的学生，采用激励评价，既揭示不足，又指明努力方向，促使他们不甘落后，积极向上；对成绩好，自信心强的学生，采用竞争评价，坚持高标准、严要求，促使他们更加严谨、谦虚，更加努力拼搏。

（四）阶段调整，激励进取

在阶段考查、评价的基础上，每学期任课教师都要集中对各名学生进行二至三次的综合分析，并进行必要的组别调整。对进步明显的提高一个层次；对有后退的，一次可提醒、鼓励，下次仍跟不上的则降低一个层次。这样做，不但可以帮助学生及时调整适应自身发展的起点，而且有利于学生看到自身的进步和不足，保持积极进取的学习热情。对降低一个层次的学生，教师不可冷嘲热讽，而应热情关心，帮助分析原因，树立信心，以利进步。

（五）完善档案，整体延续

当一学期一学年或一轮实验结束后，教师要及时地做好各种数据、资料的搜集、整理工作，包括总体实验计划、备课笔记、学生情况分析、学生成绩记录及作业、试卷等材料，在认真进行对比、分析后，要写出一份有质量的实验报告或心得体会，上交教导处，集体归入档案，以此来促进实验的整体延续，提高实验的效果。

五、动态异步教学法

（一）基本思想和基本模式

当前的教育是静态同步教育，所谓静态同步教育，其基本模式是这样的：从一年级开始，把几十名学习成绩不一致的学生编在一个班里，在相同教师教授之下，大家学习同种教材，获取相同难度的知识，做一样的作业，考一样的题目，在同一教育标准面前"人人平等"。学生进入班级后，小学连续五年不变，初中三年无异，高中三年恒常，大学四年依旧。随着时间的推移，尖子生与差生的差距越拉越大，不管这种差距有多大，规定年限不到，大家都得循规蹈矩地在这个班里待下去。

说这种教育是"静态"的，是指这种教育无视学生智力发展变化不平衡而出现的差异，把他们相对长久地禁锢在同一封闭的"模子"里。说这种教育是"同步"的，是指这种教育对不同智力层次的学生，按同一标准对待和要求，如果把教学班比作一块苗圃地的话，那么我们培育树苗的方式是，对长得快的不施肥、对长得慢的拔苗助长，强求它们"步调一致"地生长。

动态异步教育不同，它以发展变化的观点看待教育过程，并及时采取相应措施去主动适应这种发展变化；它根据学生最近学习成绩层次编班，并采用与该层次相适应的教材，提出与该层次相一致的教育要求，使每名学生都能在最佳教育环境中得到最大限度发展；它根据学生的智力发展变化情况，对同年级每个班中的学生逐期（或逐年）进行调整，鼓励学生在原有基础上异步发展，在竞争机制的激励下鞭策他们加速发展。

根据学生最近的学习成绩层次编班，班中的学生不是一成不变的，要根据学生智力发展的现状，进行多次调整。这是动态异步教育的第一层意思。

同年级不同层次的班级，教学内容、进度、要求、学制要"因层次制宜"。例如高中，在高三有些班可以开设职业技术课程，有些班在高二甚至高一就可以报考大学，有些班可以突出某科进行强化训练，培养奥林匹克竞赛选手，有些学生可以跳级。这是动态异步教育的第二层意思。

教育应允许并鼓励和帮助学生特殊发展。例如，有的学生表现出较高的绘画才能，为了让他在绘画方面得到更快发展，将他编入相应的班，使他在语、数等科的学习上感到轻松，这样他就会将更多的时间和精力投入到绘画中。这是动态异步教育的第三层意思。

（二）优越性

1. 动态异步教育使每名学生都能得到最大限度的发展

动态异步教育对于才华出众和智力发展快的学生来说，不但不存在任何形式的智力发展束缚，还为脱颖而出创造了十分有利的条件。他们想学得深一些和多一些，可以得到满足；他们想学得快一些，将会如愿以偿；他们要求跳级或提前毕业，只要真正达到了相应的水平，亦可关照。

动态异步教育对智力发展慢的学生也大为有利。他们受的教育适合他们的"胃口"，教学内容、教授的深度和广度、作业题和考试题的难度，完全是以他们的现实发展水平为参照而设计和设置的，他们能真正从"陪读"的窘境中解放出来，从而将大大激发出高涨的学习热情。

2. 动态异步教育为教师提供了因材施教的方法

教师都有体会，学生学习成绩参差不齐的班不好教。面向大多数教授，尖子生嚷着教慢了、教少了、教易了，他们闲得无聊就要惹是生非；差生埋怨教快了、教多了、教难了，他们听不懂就会坐立不安。教师即使绞尽脑汁，总难令全班学生满意，不是顾此失彼，就是顾彼失此。

不是教师不愿意因材施教，而是学生智力发展不平衡所产生的差异超过了一定范围，教师就会束手无策。

动态异步教育根据学生的最近学习成绩层次编班，并不断进行调整，大大缩小了班中学生学习成绩的差距。同层次的学生编在一个班里，在不太长的时间内，差异的积累还不至于扩大到影响因材施教的有效实施。在这种班教学，上、中、下容易兼顾，较深的内容，优等生跟得上的话，差生不会全然不知。布置的作业题，差生解得出的话，优等生不会感到厌烦，只要教师教学得法，容易实现大面积丰收。在这种条件下，因材施教才是可操作和容易操作的。

动态异步教育是从实际出发追求发展的教育，是引入了竞争机制促进发展的教育。因此这种教育有利于调动一部分学生的学习积极性，会极大地激励他们积极主动地加速自己的发展。

动态异步教育承认每个人的发展存在差异，它从实际出发实事求是地对待受教育者。它对待学习落后者和发展缓慢者，不是抛弃，而是追求在原有基础上的最快发展，并采取一系列行之有效的措施。因此，这部分学生不会再常与失败为伴，不会再常与成功无缘。这种教育将大大鼓舞和激发他们的学习积极性。

3．动态异步教育是一种高效率教育

动态异步教育承认人的智力发展有先有后、有快有慢。它以"动态"适应"动态"，以"异步"对待"异步"。它从实际出发，对不同情况采用不同的对策和措施。它为智力发展快的学生的脱颖而出创造了条件，它为具有特殊才能的学生的迅速成长提供了机会，它为智力发展暂时落后者的顺利发展提供了保障。它使每名学生都能在最佳教育环境中得到最大限度的发展，又能将他们的潜能充分挖掘出来，还能大面积提高教育质量。在人力、物力、财力相同的情况下，相较于静态同步教育，它能产生大得多的社会效益，因而这种教育是高效率的。

六、德国脱钩教学法

在德国的中学里有一种"脱钩教学法"。脱钩教学法是由教师面对全班学生讲授教材或提出要进行求证和计算的问题，让学生思考解题的方法。能独立解答的学生，可第一批"脱钩"，无力完成者，由教师另做进一步讲解辅导。已"脱钩"的学生做作业，教师帮助未"脱钩"的学生达到"脱钩"要求，找出问题所在，进行辅导，让学生练习，再布置作业。有时候一节课"脱钩"脱不完，可以到下一节课继续"脱钩"，直到人人学会，"脱"完为止。这样的教学，要求教师要树立教好每一名学生的信念，对每名学生负责，不让一名学生掉队。另外要求教师对教材和学生实际都有很好的了解，能设计出多层次的、对学生进行启发诱导的方案，善于准备多层次的教具与作业题，并且要善于掌握对全班分组、分块和个别辅导等不同的教学技巧。

七、联邦德国中小学的"分化教学"六式

当代教学革新的最核心的课题，是如何适合学生的发展与能力水平，进行教学指导，提高教学效果，在联邦德国，这个课题是借助教学的"分化"来求得解决的。

所谓"分化"，就是"教学目标和教学要求（无论是个别的抑或集体的）都能适合学生的发展水平和已有能力，教学内容也顾及了学生的意向、特殊的学习需要"。联邦德国中小学所实践的"分化"方式大致可分内部分化与外部分化两种。

（一）内部分化方式

这是在传统的异质编组的班级集体的内部，按照学生的能力、成绩、兴趣等展开教学的指导方式。基础学校是以同学年的班级集体展开教学为原则的，所以一般采取内部分化的方式。汉堡市

和巴登－符腾堡州的教学大纲明文规定实施内部分化："基础学校学生的学习准备度、兴趣、学习能力、语言行为是千差万别的。要对每名学生实现最好的促进,组织教学内容时就得考虑到这种差异。"内部分化的方式多种多样,有如下四种:

1. 课题分化

这就是教学内容与教学目标的分化。这种分化的目的在于,使教学的课题与教学目标,在水平上、分量上,适合每名学生的知识、技能。但要实际做到这一点是相当困难的。因此,现实的办法一般是分"基本教材"与"附加教材"进行教学,即要求班级全体成员必修基本教材,掌握一定的教学内容,达到一定的教学目标。对于实现了这一要求的学生,再视其具体情况,提供高于基本教材水准与分量的附加教材。在教学附加教材时,有个别活动,有集体活动,有练习,有时还布置课外作业。柏林的综合学校,一般都采用基本教材和扩充深化基本教材的附加教材的分化教学。

2. 方法分化

这是由于教学方法的不同而产生的教学分化。学生尽管成绩一样,但学习速度、学习策略、学习难点等方面,有显著的差异。因此,要根据这些差异展开教学。实际上,这是各门学科教学中教学方法的最优选择的问题。例如,外语教学中的视觉教学法与听觉教学法,社会科教学中的系统讲授与专题研究,初步读法教学中的综合法与分析法,历史教学中的提示法与活动法等的选择。这种方法分化,要求从可能的教学方法中选择适合学生个别差异的方法,相应地组织班级教学。

3. 组织分化

这在教育方法的理论与实践中具有悠久的历史。它是着眼于学生的社会素质，在教学的社会组织方式上做出相应调整的措施。采取教学的社会组织方式，就是把学生组合成各种各样的学习集体，从而获得各种各样的教育效果。由于编组的方法、集体的大小、集体的课题，制约着社会组织的构造，所以学生集体的分化正是这种分化的重要课题。一般地说，就是如何适当地组合班级授课、伙伴教学、小组活动、个别活动的问题。

4．媒体分化

这种分化同上述的方法分化一样，其教学效果以教师的教法是否适应于学生的个别差异为转移。在学校里备有教学媒体的情况下，教师可以在教学过程中，通过适当地插入媒体进行分化的学习。例如，上外语课时，可以视学生情况，或利用教科书，或利用光盘，或提供程序教材，或利用语言练习室进行个别学习。

（二）外部分化方式

外部分化方式的特点在于，取消普通的班级集体，根据学生的学业成绩和兴趣之类的一定的目标，编成谓之学程的新的学习集体。综合学校的学生，由于在能力、学业成绩、兴趣等方面存在显著的个别差异，在实施内部分化的同时，一般还实施外部分化。限于条件，这种外部分化目前主要在德语、英语、数学等一部分学科中施行。这种在同质性班集体中进行的教学，一般谓之"学程教学"，在异质性班级集体中进行的教学，谓之"核心教学"。施行外部分化的重要问题是，按照哪一种指标分学程。在德国，主要实施两种方式：按照学生的成绩进行的成绩分化和按照学生的兴趣进行的兴趣分化。

1．成绩分化

学生尽管是同样的年龄，但在成绩上会出现显著差异。一般认为，这种成绩差异，是教学成效不明显的一个原因。同一学年的学生按照不同成绩或不同水平分化学程，已实施的学科有德语、英语、数学、自然科学学科。学生根据各自学科的成绩，在同质性的班级集体中学习按成绩分化的学程。学程数，根据同一学年的学生数和成绩分散的程度组成2-4种水平（AB 或 ABC 或 ABCD）。学程半年或一年固定不变。这种按学科成绩进行的学程分化，几乎在所有的综合学校和相当多的传统学校里实施，但也有不少人对此持批判态度。

有的学校分析了成绩分化学程所存在的问题，采取了弹性分化方式。这也是按照学科成绩将学生划分成同质集体的。不过，不划定固定的学程，而是根据教学的暂时需要，视反映出来的学习难度，相应地做出分化。为了实施这种分化，需要：（1）研究并编订基本教材与附加教材；（2）配备开放教室那样的大教室等；（3）有教师小队那样的教师协作组织。

2．兴趣分化

学生对学校开设的学科和教学对象，总是表现出不同的兴趣。而学生的兴趣对于个人的素质、能力的开发、学业成绩的提高，或者专业性的职业教育，具有重要意义。兴趣分化就是以这样一种认识为基础的。兴趣分化有种种方法，主要可分两种：

第一种：凭借学科选择进行的兴趣分化。即提供可以自由选择的学科，根据学生的兴趣，选择一定的学科，在课程中设必选科、选修科、兴趣学程、俱乐部活动等。

第二种：凭借课题选择进行的兴趣分化。即在学科的框框内，让学生从种种的课题中选择一定的课题。据一些学校的第12、13学年（完全中学的高年级阶段）的实践，在第11学年结束时，解散固定的班级集体，在第12学年初，让学生领取"课题目录"，从目录中选修列出的某一课题。而后由选修同一课题的约20名学生组成一个学习集体，展开教学。

八、"环分式"教学法

这是延寿县中和中学武广兴老师提出并实验的一种分层教学模型。

（一）基本原理

班级授课制课堂教学理论的完善和方法的改革一直是人们研究和探讨的问题。这是因为，班级授课制课堂教学的统一性比较强，统一的课本、统一的内容、统一的进度、统一的任务、统一的要求、统一的标准与学生程度的不统一和学生的智力、能力发展水平的不统一形成矛盾，是多少年来难以解决的矛盾。把程度悬殊的学生编到一个班里进行统一性较强的课堂教学，必然会束缚高才生，架空能力较低的学生。再者，少年儿童的生理和心理发展、智力和能力的发展是不均衡的，常常是偏离标准线而上下波动的。上升时高于标准线而得不到应有的培养，下降时低于标准线而难以得到应有的提高。无论如何，统一性较强的课堂教学，总会出现较为明显的学生程度的不同层次。我们无论如何也取消不了这些层次，只能承认和正视这些层次，采用相应的教学方法。如何把分层次教学具体化，体现到课堂教学的45分钟里，使学生由学会达到会学的问题，还没有真正解决。这是"环分式"教学法设想提出的思想基础。简言之，"环分式"教学法是"导分式"和"学分式"并用，最后由"导分式"过渡到"学分式"的教学方法。"导分式"教学法是以导为主，把学生分为上、中、下三层次进行教学的方法。"学分式"是以学为主，把学生分为上、中、下三层次进行教学的方法。它们的关系是，以"导分式"为基础，以"学分式"为目的，起初用"导分式"，后来用"学分式"。低年级用"导分式"，高年级用"学分式"，由"导分式"过渡到"学分式"，这为一大环。"导分式"中有"学分式","学分式"中有"导分式",这为一小环。对于小环可以这样理解：在低年级或某一年级采用"导分式"的开始阶段，如果遇到某节课的内容难度不大，便于学生自学，那么就可以换成"学分式"的教法；在采用"学分式"的高年级教学过程中，如遇到某节课的难度大，不便在四十五分钟里自学，那么可以换成"导分式"的教法；对于一堂课的某个环节，常出现对高层次的学生来说是"学"，而对低层次的学生来说是"导"的情况。无论对于大环还是小环，在导和学的交替采用中，环中有分，分中见环。

（二）课堂操作环节

"环分式"教学法中，"导分式"和"学分式"的课堂环节都是四个，即预习、试练、点拨、演练。至于解疑，不便作为独立的环节，我们把它当辅助环节。按顺序，预习、点拨、试练、演练是"导分式"的课堂环节，预习、试练、点拨、演练是"学分式"的课堂环节。这四个环节是课堂教学过程的四大部分，至于那些细小的环节，可以从教师的主导作用中体现出来。从层次、环节、任务与教师在不同环节的侧重点几个方面画出。

"环分式"教学法要求把学生按程序分成三个层次。第一层次是提高层次，称为甲组；第二层次是标准层次，称为乙组；第三层次是低能层次，称为丙组。不适宜再把学生分成更多的层次。在教学过程中，三个层次的表现方式有三种。第一是公开式，教师在教学过程中公开三个层次的学生。第二是隐藏式，教师为照顾学生的自尊心和自信心，不公开这三个层次。第三是机动式，教师不把学生分成固定的层次，允许学生在试练环节和完成各自任务过程中自由达到某一层次。

在试练环节，第一层次的学生起了带路作用，点拨环节是第一层次或随时对某一知识已达第一层次的学生和教师的双边活动。头三个环节，二、三层次的学生要解决"怎么样"的问题，而对于第一层次的学生还要解决"为什么"的问题。按"学分式"教法的要求，第三层次的学生要有反馈过程，因为第三层次的学生基础差，他们往往看了或听了别人的所说所做后好似懂了，但是，要他们独立完成作业时，他们又无从着手。因此，极有必要让他们把似懂非懂、似会非会的试练内容在教师的点拨后重做一遍，以确保全会。从道理上讲，一个全会比三个半会强得多，一个全会很容易达到第二个全会，而三个半会却一个也不会。传统教学类似大帮哄教学，总有些学生半会不会，这弊病始终没有得以很好地解决。应用"导分式"教法的试练过程，对于三个层次学生来说都为反馈过程。

教师要设计好三个层次学生分别完成的分要求演练题，这些题要在数量、难度和方法上有所区别，还要连环式地体现必做和选做的区别。平时测验和大型考试时，一张试卷上也要体现出这三个层次。要求第一层次的学生一题多解知多解，一题多变知多变，力达举一反三、触类旁通的目的。有很多时候教师要为他们选编不超出范围和难度的各类习作题，以培养其应用所学知识解决问题的能力。对标准层次的学生，要求他们完成不超出课本的标准量的演练题，一个也不能少做。对第三层次的学生，教师可按六十分的量，要求他们完成试练和演练题，亦不许少做。对二、三层次的学生，教师应设法鼓励他们努力挤入上一层次。他们的试练和演练，多了不限，超出层次才好。如果试练和演练任务为十，可按不同层次确定分要求任务。

用"环分式"教学法，要求教师改变传统的备课方式。以往的目的要求、重点、难点还要备，要备好各环节师生活动的具体安排，备好三个层次的分要求任务。教师要写好课后记，以积累教学经验。用这种教学法，教案是离不开手的，尤其是课前，教师必须看一遍教案，以为掌握了知识就可以上课，那是上不好这节课的。

九、"分组自学辅导"教学方法

"分组自学辅导"教学方法是在"自学辅导法""研究性学习法""引导发现法""尝试教学法"等多种教学方法的基础上总结出来的一种适合分组教学特定条件的教学方法。它运用控制论、系统论、信息论的基本原理，科学地处理了信息的交换、传输和反馈，是按照儿童的心理特点和认识规律来设计教学程序的。

"分组自学辅导"教学方法遵循"因材施教"的原则，立足于中等生，重视差生的转化和优等生的发展。不仅注重教学生掌握知识，更注重教学生获取知识的方法，不仅注重学生能力的培养，而且注重学生智力的开发。

（一）分组的原则及方法

分组自学辅导首先要解决分组的问题。每学期开学初，都要对学生进行细致的调查、分析、比较，按思想品德、基础知识、智力因素三个方面的差异把学生分成优等生（A）组、中等生（B）组、差生（C）组等三个大组，登记造册。各大组又分为几个学习小组，每小组以四人为宜。然后采取自报、公议、指导相结合的方法，确定本学期每名学生提高成绩的具体目标。在分组过程中，教师要特别注意做好学生的思想工作，尤其是对差生组的学生讲明分组的目的，使他们消除顾虑，消除自卑感，树立早日赶上中等生或优等生水平的自信心。

座位编排要便于分组辅导和学生间的相互讨论，后进组学生的座位应排在教师最易顾及的位置。

（二）"分组自学辅导"教学实施的方针

1. 解决学生学习困难与思想教育工作相结合，重视学生非智力因素。

2. 与家庭配合，做好学生的正面教育工作。

（三）"分组自学辅导"教学方法的课堂教学程序

心理学研究表明："有意义的学习过程是原有知识同化新知识的过程。"学生学习新知识，都要依靠已有知识经验中与它有联系的内容，从而去理解新知识。

第一步，教师把握本节内容与要求，找准知识的生长点，或设置疑问，或创设悬念，造成知识冲突，使学生形成最佳心理状态。

第二步，教师提出自学要点，引导学生独立思考和理解，粗读、细读教材，边读边批划—注记—写提要等。教师巡回辅导，启发思考，留心观察，抓住时机，适时点拨。重点放在对后进组的辅导。

第三步，教师把握住知识的连接点，指导学生讨论自学中筛选出来的问题，先分组议，再全班交流。对中差生的知识和思维要了如指掌，在讨论中诱发他们认识。教师选讲需起断正误、释疑、排难、补充、深化、扩展的作用。

第四步，教师指导学生进行分析、比较、概括，归纳出规律、方法。由教师把学生具有盲目性的感性探索，逐步引向具有科学的理性认识。指导学生把得出的结论应用到实践中去验证、操练思维品质。

第五步，在实现基本要求的基础上，灵活调整分类要求。阶梯练习题中基本题、综合题、发展题的比例是 5 ∶ 3 ∶ 2。优等生组要求完成三组练习题；中等生组要求完成基本题和综合题；差生组一般只要求完成基本题。教师巡回辅导，收集信息。

第六步，教师抽查少量作业，其余作业各组交换互评。教师收集学生练习中的信息，针对学生掌握知识能力的实际，评议、点拨、释疑、解难，及时反馈。共性问题，集中评议；个别问题，在巡视中个别指点。

第七步，差生组、中等生组各上一台阶，跨一步练习，分别完成综合题和发展题。优等生组学生分散在"承包"组中协助教师辅导。

以上程序主要是针对新授课设计的，如果将以上步骤适当调整，同样适合练习课和复习课。练习课可以第二阶段的步骤为主。复习课可以第一阶段的步骤为主。

第六节 因材施教的教学模式和教学系统

一、科西尼个别教育 4RS 模式

个别教育同传统教育最大的区别在哪里？美国心理学家科西尼根据自己在夏威夷 17 年的教改实践，提出并发展了这一教育体系，认为个别教育注重学生内在动因，发挥学生个性，强调发展学生 4RS，即负责（responsibility）、尊重（respect）、机智（resourcefulness）、敏感（responsiveness）。

（一）4RS 的界定

1. 负责

表现在三个方面，即对集体负责、对他人负责、对自己负责。在教师积极而又客观的指导下，学生关心集体、爱护集体，关心他人、帮助他人，严格要求自己，使自己的言行合乎规范。

2. 尊重

表现在三个方面，即学校与学生、教师与学生、学生与学生间的互相尊重。科西尼认为，学生是能够进行自我管理的个体，

他们能够妥善地处理自己同学校、同教师以及其他同学的关系，学校、教师充分尊重每一名学生，学生之间彼此尊重。

3．机智

体现在三个方面，即克服生活中、人际交往中和学习中的困难。科西尼认为，学生在克服以上困难中表现出他的机智程度。个别教育学校有三门基本课程，可以培养学生这方面能力。

4．敏感

这是个别教育要求达到的最高目标，但要实现这一目标并不容易。科西尼认为，首先必须达到前面3RS，它才能实现。所以，它成为判定前面3RS是否达成的指标。敏感也与阿德勒一贯强调的发展完人教育中最关键的因素相吻合，它可解释为群体情感、社会兴趣、从属情感或者关心他人。

（二）课程

个别教育学校有三门基本课程，其教学时间大体相同。这三门课程是：

1．学术性课程。同非个别教育学校一样，个别教育学校也设置相应的学术性课程，主要是语言艺术、数学、科学和社会实践。但其区别在于：个别教育学校花在学术性课程的教学时间少于非个别教育学校。

2．创造性课程。包括学生急需但不能在传统学校教育中学到的课程。这种课程设置后，家长和教师均可以对学生进行有效的教学。科西尼在夏威夷十几年教改期间，曾先后设置了五百多门不同的创造性课程，其中有艺术欣赏、计算机、历史、舞蹈、烹调、急救和鉴别动物等。

3．社会化过程。这种课程包括类似班级形式的家庭活动、生活技巧训练等。这样，学生可以学习怎样解决问题，如何维持身体健康，怎样增进人际交往，如何确定和达到人生目标。这种课程的目的就是教育学生在民主的环境中，如何进行合作和参与社会活动。

（三）纪律

个别教育学校主要颁布三条明确的纪律，这三条纪律同样重要：

1．不做任何有害或有危险的事。

2．永远实行自我管理。

3．教师示意你离开时，在"走"的信号发出后立即安静地离开。

（四）特点

个别教育学校有如下一些特点：

1．准备进入个别教育学校就读的儿童必须是自愿的。他们必须了解个别教育学校的基本情况，对学习生活有相应的心理准备，否则校长可以拒绝儿童入学。

2．每个学生都有一位教师（咨询者）。教师根据自己的意愿可以充当学生的咨询者。他们在以下几个方面发生交互作用。对学生来说：（1）每天早晨，学生和教师一起从事某些社会化活动，如游戏等；（2）每周一次，学生同教师一起进行小组讨论；（3）每月一次，个别学生与教师接触，主要回顾自己的学习状况，同时讨论和提出其他一些有关的问题。对教师来说：（1）和学生家长就一些重大事情进行协商；（2）让学生处理一些棘手的问题。

3．学生有五种学习途径，即听课、集中学习、去图书馆、担任家庭教师和家庭学习。用哪一种途径，学习什么内容，都取决于学生本人。

4．学生没有课外作业。学校允许教师课后出些思考题目，但是，对这些题目是否进行思考，还得由学生自己来定。

5．家长必须参加五次有关家庭教育的讲座，从中学习怎样科学地辅导孩子，同时了解一些个别教育的情况。

6．学校一天日程通常由以下九节课组成：

第1节：家政；

第2-4节：学术性课程；

第5节：午餐；

第6-8节：社会化和创造性课程；

第9节：家政。

前8节课教学时间大致相当，第9节课着重学习家庭卫生知识，同时配有打扫教室卫生环节，然后学生离校回家。

7．尊重孩子，禁止教师和家长私下议论。但有两种例外：（1）教师和家长同他的孩子在一起时允许议论；（2）校长在场时，教师可以直接和学生家长交谈该学生的情况。科西尼认为，个别教育的哲学观，即是把教师为学生服务当作自己的职责，而不是家长的代理人。

个别学校中唯一带有强制性的就是学生的社会化过程。学生可以不去上课，不去图书馆等，但必须参加班组讨论会和师生座谈会，这取决于学生是否具有自制力。科西尼认为，这一点比培养他们聪明伶俐更为重要。

二、凯勒的个人化教学系统

凯勒是美国著名的心理学家。1931年，凯勒获得哈佛大学的博士学位。此后，他任教于美国的许多大学。经过多年的努力，他对心理学的教学与研究做出了很大贡献，获得过许多荣誉。

1963年底，凯勒回到美国哥伦比亚大学工作，鉴于当时的教学仍有许多弊端，凯勒力图改革创新。他接受了强化原理和程序教学原理以及掌握学习理论，并试图将这些理论与方法运用到心理学科的教学上。这样，凯勒开始从事他的计划——个人化教学系统（Personalized System of Instruction，简称 PSI）的发展。

1968 年，凯勒应邀在美国心理学会上做了题为"老师，再见！"（Good-bye Teacher）的报告，首次阐述了他的个人化教学系统的主要观点和主张。该论文的发表，标志着凯勒的个人化教学系统理论的形成。

（一）理论基础

凯勒的个人化教学系统能够迅速得到发展，主要是他的理论有着深厚的基础，产生于早期个别化教学原理、各种学习心理学理论以及教学模式的基础之上。

20 世纪二三十年代的道尔顿制和文纳特卡制强调学生自学，教师仅在必要时提供指导；学生按自己的速度学习，可不受课程表的时间安排的约束等。这些主张构成了凯勒的教学模式基本框架的主要依据。

20 世纪 50 年代末的斯金纳程序教学强调学生按事先精心编制好的程序教材来自我学习，适应学生的个别差异；教学按小步子一步一步前进并及时强化，增强学生的学习信心等。这些思想成为凯勒教学理论的重要组成部分。

20 世纪 60 年代布卢姆强调要将教材分成许多小单元，在每一小单元教学结束后，都要进行形成性测验；保证学生掌握好前一单元才能进入后一单元的学习以及要进行及时纠正过程等，使绝大多数学生都能达到掌握的标准。布卢姆的这些见解对凯勒的教学理论也产生了很大影响。

凯勒的个人化教学系统的迅速发展，还因为它作为一种教学方法，有其实践意义，能够在课堂教学中广泛使用。

（二）主要特征

1．以掌握为指导

凯勒认为，掌握规定的教学内容是教学的主要目标。为了达到教学目标，掌握各单元的内容，就要进行多次单元测验。学生若能通过单元测验，即表示已经达到掌握标准，可以学习下一个单元。

关于每一单元的掌握程度，凯勒的要求十分严格。要达到"完美"的程度，即百分之百的掌握程度。

2．学生自定学习速度

凯勒主张，学生的学习速度应由学生自行决定，这是因为学生与学生之间在学习能力、学习速度、时间安排等方面均有很大差异。学习能力较弱的学生可能需要用较多的时间才能达到掌握的标准，而学习能力较强的学生，则用较少的时间就能达标。

3．教师用少量几次讲课来激励学生

凯勒主张教师不用每天讲课，只要安排少量几次即可。而且，教师的讲述和示范与要学的内容无关，因而，教师讲述的内容不列入考试的范围。凯勒认为，教师少量几次讲课的主要目的是要激发学生学习动机和兴趣，而不是向学生讲解教学内容。

4．使用指导性教材

教材要分成许多小单元，每一单元的内容不宜太多，每一单元结束，都安排一些测试题目，以便进行单元测验；给学生提供学习指导材料。这些材料包括对各单元教学目标的明确说明、教材内容的分析以及一些练习题等，使学生能够进行自学。

5．安排学生助理

凯勒认为，学生助理可以在三个方面发挥其作用：（1）按照教师的标准答案，评阅学生的单元测验卷子，使学生能得到及时反馈；（2）帮助那些学习上碰到困难的学生，进行学习辅导并回答学生提出的一些问题；（3）记录各个学生的学习进度，并经常向教师报告学生的学习情况。

将以上这五个特征综合成一个"体系"来看，可以这样认为，掌握是其目标（特征1），其他特征都直接为这一目标服务。在课程的各个部分中，为达到掌握标准，每个学生必须有充足的学习时间。因此，个人定速（特征2）看来是必需的，虽然集体上大课与个人定速是不相容的，但为"激励"学生而规定的讲课是可行的（特征3），编制完整的教材通常都是书面资料，这样可以用来指导学生按自己的学习速度进行学习（特征4）。最后，由于教师时间有限，有必要安排学生助理进行批阅测验试卷，或有时进行一对一的个别指导（特征5）。

（三）教学系统模式

凯勒的教学模式大致可分为三个过程：教学前教师的准备过程、教学中学生的学习过程、教学后的评价过程。

1. 教师的准备过程

（1）教师的作用

凯勒指出，教师在教学中担任的角色就像是学习的经理。教师并非是教学的领导者，他只是教学系统的成员之一。在凯勒教学模式中，教师的主要任务是在教学前选编教材、编写指导材料和测验试题以及在教学中激励学生，解答学生的问题。教师的具体职责包括下列六项：

①选择该课的全部教材；

②将教材划分成单元并加以系统组织；

③编写指导材料；

④编制多套的测验试题；

⑤担任一些讲述、示范或主持讨论；

⑥解答学生各种学习问题。

（2）教材的编写

凯勒教学模式将教材划分成许多小单元，一个单元相当于课文中的一个章节。小单元的学习内容不太多，易于学生安排学习时间，掌握每一单元。教师编制的指导材料虽然有多种，但通常包括阐述单元目标、分析教材内容和列出练习题等。另外，教师编制测验试题的工作也较繁忙，因为试题要有几套，才能适应学生在不同时间参加测验的需要，以及对重新测验的学生也要使用不同的测验卷子。

（3）教师的讲述

凯勒教学模式与其他教学模式的重要区别之一就是教师上课，讲述的不是教学内容，而是引发学生的兴趣，激励学生的学习动机。

2．学生的学习过程

在开始学习前，学生领到第一单元的书面文字指导材料和教材。教师不硬性要求学生在上课时都要到教室来学习，学生可以在任何地方学习，可以利用任何时间学习，唯一要求是要达到第一单元所规定的掌握目标。因此，在这样的教室里几乎看不到通常班级上课那样由教师面对全班学生讲课的情况。

学生学习完全是一种自学的过程，当然，在学生学习中遇到问题时，仍能得到教师的帮助。学生可以根据自己的情况，安排自己的学习时间和学习速度，而不受其他人影响。

3．评价过程

当学生认为自己学得差不多了，有把握通过第一单元的测验时，学生进入教室要求教师给予测验，通常只需十五分钟时间即可考完。考完后，教师或学生助理立即进行评阅。如果学生达到了掌握标准，通过了测验，那他就可以领取第二单元的学习材料。如果学生未能通过测验，教师或助理会指出学生错误之处，学生必须再去学习第一单元中的有关内容，然后再参加一次测验，直到达到掌握标准为止。

学生在学期结束前也要参加期末考试，期末考试的成绩占总成绩的 25%，单元测验成绩和实验成绩占总成绩的 75%。

三、对学习快捷学生的五种教学方法

20 世纪 20 年代，L. 特尔曼和 M. 奥登提出以 IQ 分为 140 分作为有天赋的学生的界限。这一界限在 20 世纪 60 年代之前是广为人们所接受的，后来许多心理学家注意到了这样的事实，即许多本应被划为有天赋学生的 IQ 得分并非是 140 分或更高而是很一般。经调查发现，这主要是因为用来测 IQ 的测验"歧视"了许多发散型思维的学生。由于对"天赋"一词和鉴别这些学生的方法的解释存在争议，因而多数心理学家同意，学习快捷的学生通常是指那些比较特殊的有能力的学生，他们的 IQ 得分可能不及 140 分，也可能超过 140 分。

在考查了大量有关定义、特征以及鉴别这些特殊的有能力学生的方法后，J. 盖勒弗认为，这些学生所具有的共性是，"有能深刻地理解、更有效地组织，比一般同学更能恰当地使用抽象概念的能力"。这一特征可能是所有得到的有关学习快捷学生的最简洁、最精辟的描述。盖氏的描述可能还有一点需要补充，那就是有些学习快捷的学生被教师认为是最完善的和最能给他们留下深刻印象的学生；还有些这样的学生则被教师认为是令人讨厌的或能力处在中等水平以下的。总之，这"两种"学生之间的差异在一些人看来简直是大得惊人。

有些 IQ 分很高的学生对上学感到异常轻松，他们的作业答案

在教师看来是最精确的甚至还被作为作业的典范。从吉尔福特对智力操作的描述来看，这种学生可以被划入极有能力的辐合思维类型。

当让教师指出他的班上最有能力的学生时，他们往往倾向于选择这种类型的学生。虽然这类学生在学校及以后的生活中会表现得很突出，但一般地讲，他们是极缺乏创新意识的。他们可能会成为一个成功的医生、律师、教授以及商人，但他们不可能在自己的工作领域中做出独到的贡献。还有一些学习快捷的学生，他们对教学不能以教师所期望的方式做出反应。他们可能很令人讨厌，他们常热衷于对异端的问题或令人不安的举动表示出热情，或许他们能给人以这种印象，他们是不合作的和专门搞破坏的。许多这样的学生都可能被划入有才华的发散思维类型。这种超脱的心理类型完全可以帮助人们理解爱因斯坦和爱迪生为什么总被他们的教师说成是非常坏的学生了。爱因斯坦和爱迪生后来的辉煌成就表明，具有天赋的发散思维的学生是可以成为多产的和有巨大发明的人的，而这些成就的取得则是学校扼杀个性的教育所完全不可能造就的。

（一）为他们提供横向和纵向的提高课

提高课有横向和纵向之分。横向提高课是指给在班级成就测验之前就已完成指定课业的学习快捷的学生更多的属于同一难度水平的材料。纵向提高课是说给这些学生更多地在同一类型上水平更高的材料。拿一节数学课为例，如果教师在上一堂数学作业课，开课不一会儿一个IQ为146分的女学生就向教师表示她已完成了作业并想知道下一步要她做什么，这时教师可能会让她把后面五页的题也做了。如果这些题是处于同一难度水平上的，那这就是横向提高课作业，如果这样的学生很多，那教师就有必要考虑纵向提高课作业了，比如让这些学生学下一章的内容甚至准备下个月的内容等。

在实施横向和纵向提高课时也很容易陷入错误的境地。假如让学习快捷的学生做太多的有同等难度的作业的话，那就会使得这些学生觉得自己的努力没有多大意义，从而挫伤他们的学习积极性并且压抑他们个性的发展。再有，假如总是催促他们独自学习新的内容，那么当教师讲到下一节的问题时会出现一种什么样的情况呢？长此以往，教师就要经常准备新的教学内容，而每当这些天真无瑕的学生向教师报告说他已学完指定的内容时，教师也就真的陷入窘迫的境地了。

为避免这些消极后果的出现，教师在实施横向和纵向提高课时要十分慎重。在增加同等难度的作业时，不要使其看上去好像是要惩罚人。如果新添的内容在实际上不可能有所改进的话，那就要找一些有同等难度的、有关的练习让他们做。上阅读课时，可以让这些学生读些其他难度水平相当的书，而不是随便给他们加几本难度不及教材的书了事。教师可以让这些学生有选择地做一些额外的作业。如果教师给这些学生布置难度更高的作业，那就要尽量避免让他们提前自学下学期或明年要讲的内容，而最好要用增补的课程材料，但不能用所讲课程的"赝品"。这种材料最好是由不同作者编写的系列丛书，因为这类书中的知识体系最有逻辑性。

（二）与这些学生共商个别学习计划

如果横向和纵向提高课都不能满足这些学生要求进一步深入钻研欲望的话，那么这时给他们上提高课的一种最有效的途径是制订个别学习计划。这些专门制订的学习内容要多少与大纲要求内容的某些部分有联系。例如，教师正在讲关于墨西哥的课程，这时就可以让这些学生用"剩下"的时间写一篇墨西哥生活中某一方面最使他感兴趣的文章。

为了给这些学生的个别学习计划增加内容，教师可以让这些学生当"研究专家"以解决课堂中出现的难题。如一个三年级的学生问到了关于海绵的问题并引起了一系列的争论，正好这个班上有一个 IQ 为 150 分的男孩，教师便可以让他用在百科全书上学到的有关知识为全班做一个关于海绵的报告。

还有一种个别学习计划是让这些学生写开放性个人年鉴。在学生完成指定课业后，教师可以让他（她）写一些故事或作一幅画为自己的日记充实内容。这样的日记积累起来就是一部创造性十足的个人年鉴。

再有一种制订个别学习计划的方式是和这些学生订契约。所谓订契约就是和这些学生用商谈的方式就他们的学习基础和完成指定作业的速度向他们提出要在一定时间内达到某种水平的要求。这样做可以使这些学生的特点得到比较全面的发展。如果能力较高的学生尽了最大的努力去完成某一课题的话，那么他们必会获得巨大的好处。这里有一点要看到，尽管是聪明的学生，他们也要在达到一定的思维成熟水平后才能够具有掌握、组织和应用抽象概念的能力。对在小学的这种学生，最可取的办法是让他们做短的、系列的作业，而不能让他们尝试综合的个别计划。

（三）提倡增加阅读和写作的内容

一些研究"天才儿童"的教育家认为应该让这些学生增加额外的阅读和写作时间，以弥补他们在这方面的缺陷。然而使读写技巧结合起来的最符合逻辑的方法就是写读书报告。在阅读的内容方面，专家们认为教师应该要求这些学生多读一些著名人物的传记。这样可以激励这些学生模仿著名人物的开拓精神，退一步说，如果不能达到这样的目的，教师也可以向他们推荐这些材料中的生活故事，因为这些故事往往都是非常有趣的。

（四）鼓励创造性爱好和兴趣的发展

在小学，学习快捷的学生往往可能会把课余时间用于发展个人爱好。假如这些学生对诗歌、岩石或蝴蝶有兴趣的话，教师再对他们加以鼓励就可能会使他们从此步入这个领域。

在中学，教师应鼓励在所开课程的学习中有天赋的学生用课余时间撰写小论文，搞发明创造以参加一定水平的竞赛。还有一些也是教师应该做的，那就是要帮助高中低年级有天赋的学生申请奖学金。

（五）发挥学习快捷学生的"小先生"或实验助手的作用

这样，一方面可以让这些学生帮助别的学生，可能会收到教师直接教学所达不到的效果；另一方面还可以进一步激发这些学生的学习热情，使他们的行为得到强化并促进其积极想象。

以上这些美国现行的对学习快捷学生的教学方法完全是具体的、实用的和灵活的，从中也不难看出其更深层的教育动机——使所有具有不同能力的受教育者都得到相应的提高和发展。虽然这些美国的教学方法在我国的课堂上不一定适用，但是它们将心理学的基本原则——个别差异原则融入课堂教学的这一方向很值得我们学习。

第七节　如何培养尖子生

一、培养尖子生的六种方法

（一）培养熟练的阅读能力

阅读是取得优异成绩的关键，像其他技能一样，它也需要经过练习。孩子是通过朗读和理解字词学习阅读的。通过不断的练习，阅读中的停顿就会越来越少。随着熟练的阅读技能的形成，孩子开始无须考虑理解字词，因此就可把主要精力放在对课文意义的理解上。

熟练的阅读技能在一年级即可培养。艾伦·罗斯曼最近对伊利诺斯学校的学生进行了调查，发现一年级中有熟练阅读技能的学生，其阅读速度几乎比其他学生高出两倍，其综合理解考试分数比其他学生高一倍。罗斯曼认为，能不能培养熟练的阅读技能，并不在智商多高，而是在阅读上所花费的时间。凡每周至少有三个半至四个小时用于阅读书籍、杂志或报纸的学生，十有八九能够达到熟练阅读的程度。

让学生读一两段没有读过的文章，但要适合他们的年龄特点。如果他朗读时面带表情，理解文章段落的意思，那么就说明他可能已具有了熟练阅读的技能。反之，如果吞吞吐吐，读不成句，不理解句子的含义，则说明他还需要进行更多的练习。

（二）给全班学生以平等的机会

教师常常把大部分注意力放在少数成绩优秀的学生身上，提问的时候，如果班里成绩差的学生和成绩好的学生同时举手，老师总喜欢要成绩好的学生回答。成绩差的学生回答有误，教师总认为是学生自己的错，弄得这样的学生不敢举手，而如果成绩好的学生回答有误，教师则反复给予解释，直至弄明白为止。教师的这种态度是会挫伤学生积极性的。

因此，教师必须格外努力给全班每一名学生以同等的关心和鼓励，只有这样，学生的情绪才会高涨，成绩才会提高。如果你觉得你的孩子没有受到机会均等的教育，那么不妨同校长交涉一下，或在家长和教师联谊会上讨论一下，以便改变这种情况。

（三）要教会孩子如何思考

做父母的要注意自己的孩子是在学习记忆知识呢，还是在学习理解知识；是记住了一个数学公式呢，还是学会了如何把数学公式用于整个生活领域；是只知道祖国所发生的几次战役及其日期呢，还是也知道引起这些事件的原因。

在布卢姆看来，现在的教学方法都把95%的精力放在"初级心理过程"上，即机械地记忆语法、乘法表、历史事件名称和日期，很少有教师把重点放在"高级心理过程"，即理解、分析和解决问题的心理过程上。

有些教师不相信孩子在很小的时候就具有解决问题的能力，但布卢姆则认为孩子从小就开始思考、计划并实现他自己的目的和愿望。布卢姆和他的研究生最近还在一系列的研究中发现，随着儿童思维能力的提高，记忆力也在增强。布卢姆说，理解一种思想、一个原理及其使用方法，将会帮助学生学得更好，记得更牢。

（四）上新课以前进行复习

在一次实验中，代数老师先列出学好代数所必须掌握的一些基本技能，然后就这些技能进行测验。针对学生技能上的弱点，这位老师在新课开始之前，先用三四个小时的时间进行复习。后来，当所有上代数课的班级进行新课测验的时候，进行复习的学生平均分数为76%，比没有进行复习的学生高。

（五）学生间开展互助

越来越多的美国学校正在尝试着让学生们展开学习互助，按教育家的说法就是"合作学习"。教师讲授一课之后，把班级分成若干个小组，让学生互助。在小组中学生可以提出一些在教师面前可能是"愚蠢"的问题。如果学生碰到了困难的问题不理解，则可互相帮助，直至弄懂。组织好这些小组的方法很多，有两种方法是最基本的。首先对小组活动开展得好的学生要表扬；其次，小组的成功必须依靠每个成员的学习成绩。例如，把每个人的学习成绩加起来，以构成整个小组的成绩，这样就可以给每个学生以同等的压力，激发每个成员的学习积极性。由于学生相互之间都要求取得优异成绩，所以上等、中等和差等学生都在努力学习并且学得不错。在俄亥俄州一所中学的数学课考试中，参加小组学习学生的分数比其他学生高 50%。

小组的学习还有一些重要的优点，如，能培养学生的自尊心，能让学生认识到合作的价值，能增进与不同背景或残疾学生间的友谊等等。父母应该帮助孩子们组织课外学习小组，以完成家庭作业。

（六）家庭教育

根据专家们的意见，学生在家里的表现远远比智商测验或考试更能准确地反映他在校成绩的好坏。在学习尖子的家庭中，家庭作业和课外阅读都是放在比消遣或看电视重要得多的位置上的，父母们都很注意培养孩子们的智力兴趣，对他们在学校中所取得的成绩予以表扬。

家庭教育的质量同学生在校的成绩关系十分密切，为了确切地了解学生家庭环境的教育性能，下面十二个问题可以帮助父母衡量是否为孩子提供了一个有助于优异成绩的家庭环境。

1. 家庭的每个成员都有家庭责任感，并至少选择一项家务活，且必须按时完成。

2. 家庭成员定时用餐、睡觉、娱乐、工作和学习。

3. 孩子做完学校作业，阅读完毕后再玩耍、看电视或做其他事情。

4. 孩子学校作业完成得好，就给孩子以适度的表扬。

5．孩子有安静的学习地点，有学习用的写字台或圆桌，有包括字典或其他参考资料在内的各种书籍。

6．家庭成员经常谈论爱好、游戏、新闻、正在阅读的书籍以及所看过的电影和电视节目。

7．全家经常去博物馆、图书馆、动物园、历史名胜和其他有趣的地方。

8．家中能培养孩子良好的语言习惯，帮助孩子正确地使用和学习新词语。

9．全家经常谈论当天的时事，每个成员都有说话或听别人说话的机会。

10．家长知道孩子现任教师的姓名，孩子在校的表现和他使用的课本。

11．家长始终期待着孩子取得优异成绩，了解孩子的优缺点，在孩子需要时，给予鼓励和特别的帮助。

12．家长经常和孩子谈论未来，谈论上中学或上大学的打算以及争取受高等教育和从事高等职业的目标。

用上述十二条中的每一条来衡量你的家庭，如果几乎完全做到了，就在那一条下面记2分；如果有时做到了，有时没有做到，则记1分；如果几乎完全没有做到或从来没有做过，则记0分，然后把分数相加，总分在10分以上者，表明你的家庭在支持和鼓励孩子学习方面，列为上等；总分在6-10分之间者，为中等；总分在6分以下者列为下等。

二、如何做一名尖子生

在一般人印象里，尖子生的高分数是靠整天死记硬背换来的——从不参加文体活动，也不会社会交往。这种人不能说没有，但我们这里要谈的是另一类——像多米妮克·诺玛和保罗·梅伦德里那样全面发展的学生。诺玛是费尔蒙高中网球队员和合唱团员，又担任学生会委员和数学联合会会员，两年来各科成绩保持全优。梅伦德里是新墨西哥大学入学新生，原为威利中学的学生会主席，校橄榄球队和篮球队队员、全国学联委员；他的科技小制作参加了博览会展出，还在电视台发表过演讲；除各科成绩优秀外，他还在两项大学初级水平的学科竞赛中获奖。

研究表明：这些孩子是通过掌握若干基本技巧而名列前茅的，而这些技巧其他人并不难学到手。根据教育专家和"尖子"生自己的意见，主要有以下几个方面：

（一）以学为先

"尖子"生在学习时不容任何干扰，一旦打开书本，就不接电话、不看电视、不吃零食。在他们心目中，学习是正事，正事理应先于娱乐。

（二）随处学习

某学院一名越野赛跑运动队员因抽大量时间训练而在生物考试中失利，教练劝他在每天练跑中记忆生物术语，结果第二次考试他一举成功。还有一名学生在盥洗池旁贴了一张词汇表，每天刷牙时熟记一个生词，同样是一个好习惯。

至于课后学时的安排，"尖子"们各具特色，不尽相同。有的偏爱夜深人静时学习，有的习惯凌晨早起读书，还有的喜欢一回家就做作业，因为那时对功课的印象还很清晰。然而，在下面这点上他们又是一致的：坚持不懈。一名学生说："不管当天有多么要紧的事，学习时间必须保证。"

（三）讲究条理

高中生麦克雷既参加了校长跑队和橄榄球队，又是管弦乐队队员。他说："我太忙，不能把时间浪费在找铅笔和丢失的试卷上。

因此，我把样样东西都放在伸手可及的位置。"

保罗·梅伦德里为此准备了两个文件夹，一个夹放当天的作业，一个夹放考、评过的试卷。而女才子特雷西的办法又不同：她按学科把夹子标上不同的色码；每当卷子发下来，立刻归档存放，考前复习十分方便。

即使没有专用书房的学生也可做到条理化，平时将重要的学习用品和资料用一个纸箱或抽屉装好，就可以避免到时候东翻西找。

（四）学会阅读

优秀毕业生坎贝尔说："我上中学时收获最大的课是快速阅读。它不仅使我每分钟阅读的词量大大增加，还教我先读一本书的目录、图解和插图。这样，当我读正文前，对内容已有所了解，就能获取更多的信息。"《优等生之路》的作者小戈登·W.格林在书中曾谈及良好阅读的另一秘密："当积极的读者——不断地自我提问，直到弄懂字里行间的全部信息为止。"

（五）合理安排

当教师布置的作业需较长时间才能完成时，多米妮卡·诺玛总是制订一个分步完成的时间表，把作业总量分割成小块，以免它看上去压得人喘不过来气。她说："就像吃一大块牛排，你每次只需咬一口。"

当然，即使最好的学生也有耽误作业的时候，一旦这种情况发生，他们都能尽力弥补。一个既当运动员又是学生会干部的尖子生安德逊承认："有时我做作业也拖到夜深，但一想到要夺得好成绩，再晚也勉励自己当天完成。"

（六）善做笔记

梅伦德里说："读教科书很重要，但老师考的常常是他（她）

强调过的东西，这就看你平时记笔记的功夫了。"

尖子生往往一边听课一边记重点。戴维·赛里有自己的妙法：他在笔记本中间画一道线，半边摘录课文概要，另半边记下老师补充的东西。这样，课后他就能同时温习这两方面内容。

下课铃响时，大多数学生合上课本，收起卷子，交头接耳，准备冲出教室。安德逊却利用这几分钟对当堂讲的内容写一个两三句话的小结，这小结她上新课之前会先看一遍。

（七）书写整洁

干净整齐的卷面总是比随意涂抹的卷面容易得高分。一位教授说："看到交上来一份整洁的卷子，你从心里就愿意给它打高分。相反，就像端给你一份奶酪汉堡包，尽管它的质地非常好，但用的是个脏盘子，你都难以相信它味道精美一样。"

（八）及时提问

课堂上参与意识要强。坎贝尔说："如果我不懂老师解释得过于简单的原理，我就请求他再讲一遍。"课堂参与的意义不仅在于弄清疑问，还锻炼一个人思维的敏锐性。

例如，在一堂关于"资本主义和社会主义"的课上，梅伦德里问老师何以中国的经济既是社会主义的又是市场调节的，却避免了陷入苏联遇到的麻烦。他说："我不愿为应付考试而死记概念，高分应该扎根于透彻的理解。"

（九）学习互助

小组互助学习的价值已为贝克利大学的一项实验所证实。在一个学微积分的新生班上，研究者注意到亚裔学生的平均分高于其他学生。经调查发现亚裔学生经常一起讨论家庭作业中的难题，试用不同的解题方法并互相交流心得。

反之，别的种族的学生习惯单独学习，把大部分时间花在反复阅读课本、一试再试的解题思路上。在研究者向全班推荐了这种小组研讨学习法后，其他种族学生的成绩就很快赶了上来。

（十）自我测验

记笔记时，多米妮加·诺玛对她认为可能会考的知识点格外注意，课下根据这些知识点自编模拟题，并在考试前夕做出来。她说："如果哪里答得不够圆满，我就回过头来再复习。"

除此以外，绝大多数尖子生还有一条"秘诀"，那就是家长的影响。他们的父母引导孩子从小热爱读书，并提出合理标准和严格要求，千方百计激励孩子刻苦学习，但又绝不越俎代庖。其教子之方用一句话概括是：培养孩子的责任感。

第八节 因材施教地对待七类学生

一、七种学生类型特点及教育策略

（一）品优、学优、智劣型学生的特点及教育策略

这类学生的主要特点是：思想进步，学习踏实，认真，自尊心强。但是，他们往往显得思维迟钝，认识问题呆板，不够灵活，缺乏"才气"。他们优秀的学习成绩，完全是靠勤学苦练得来的，而不是靠聪明才智得来的。因此，随着年级的增高，知识难度的增加，他们学习就越来越感到吃力。对待这类学生，应注意促进他们智力的发展，注意教给他们学习的技巧和方法，多做一些综合性的智能训练，提高他们思维的敏捷度。

（二）品优、学劣、智优型学生的特点及教育策略

这类学生的主要特点是：对学习不感兴趣，甚至把学习视为负担，而对人和对工作表现出极大的热情和责任心，并有较高的组织、活动能力。他们的学习成绩不好，并不是由于智力因素引

起的，而是不能正确处理玩乐与学习之间的关系所致。因此，对这类学生主要是帮助他们真正理解学好文化知识的重要性，激发他们的学习兴趣，使他们端正学习态度，明确学习目的；对他们学习中遇到的问题和困难，要及时加以具体指导和热情帮助，使他们很快地赶上去。

（三）品劣、学优、智优型学生的特点及教育策略

这类学生的特点是：头脑聪明，反应迅速，学习成绩好，并善于应酬，能说会道，在一部分同学中有一定威信，然而这类学生常表现出对集体的不满情绪，有对抗教师权威的心理。对待这类学生，一定要加强思想教育，最好能发挥他们的优点，逐步克服他们的缺点，也最好能从集体主义教育入手，以集体的荣誉感来克服他们的缺点，如通过参加集体劳动和智力竞赛等发挥他们的才能专长，引导他们为集体做好事，逐渐培养他们的集体荣誉感，但对他们决不能纵容迁就，更不能以成绩好来掩盖品质不好的方面，否则是很危险的。

（四）品优、学劣、智劣型学生的特点及教育策略

这类学生的特点是：反应迟钝，学习成绩差，有较强的自卑感，但他们都是品行端正、踏实肯干的"实干型"学生。对这类学生，在学习上应多鼓励，经常创造条件和机会，使他们感到学习在进步和前进，而不是在落后和退步。教师对他们也不能操之过急，一味要求他们像尖子生那样学习，要注意使他们感到，他们在学习上没有受到歧视和冷遇，他们每时每日都有变化和进步，纵使这种进步和变化是微小的，也要充分及时地给予肯定。

（五）品劣、学优、智劣型学生的特点及教育策略

这类学生的特点是：一天到晚埋头于读书，对学习抓得很紧，因此学习成绩较好，但对其他一切事情则不感兴趣，不愿参加集

体活动，缺乏组织观念，学习目标狭窄，缺少系统、长远和计划性，把分数和名次看得过重，爱妒忌他人取得的成绩和进步，不善交际，个性孤僻，以自我为中心，不愿与别人交流学习经验和方法。对这类学生，主要的教育策略是思想教育，让他们端正学习态度，树立远大的理想和抱负，注意使他们虚心地向别人学习经验，改进学习方法，多参加集体活动，培养集体荣誉感。

（六）品劣、学劣、智优型学生的特点及教育策略

这类学生的特点是：机敏灵活，潜力很大，但唯独对学习不感兴趣，甚至感到厌烦，得过且过，把学习视为一种精神上的负担，为完成任务而整日混。他们往往是一些"有聪明智慧不往正道上用的'歪才'学生"。对这类学生的教育策略是：一要有热情，用教育的力量、诚挚的师爱去感化他们；二要有韧性，要有长期教育的思想准备；三要有教育机制，要从他们的聪明潜力中找出最佳教育的突破口，抓住时机，采取强有力的措施，使之品学都得到提高。

（七）品劣、学劣、智劣型学生的特点及教育策略

这类学生的特点是：学习成绩低劣，兴趣不稳定，不通情理，行为乖张，智力滞后。这类学生是教育工作中的难点，虽然很难造就成才，但不能使之成为社会的废人和罪人。因此，在教育他们时，一条很重要的策略就是：决不能嫌弃他们，鄙视他们，而是要从多方面关心他们，帮助他们，使他们感到学校和社会的温暖，以求得他们今后成为社会的有用之人。

以上主要对部分学生进行了具体的分类，简单地分析了各类学生的特点，并针对性地提出了一些教学方法。要想成为一名优秀的教育工作者，除了懂得对不同类型的差生要采取不同教育策略外，还必须懂得对待全体差生所应采取的三条共同教育策略：

1．要充分信任和尊重差生。教育实践证明，信任和尊重差生，这是一种强有力的使差生端正学习态度，产生学习兴趣，树立远大理想，调动全身心力量进行进取和转变的重要精神因素。

2．要树立差生并非全差的观念和思想。调查资料表明：在我国优秀的运动员中，有许多人中小学时学习成绩不佳，可后来成为国际体坛上的佼佼者。

3．要用动态发展的眼光看待差生。辩证唯物主义告诉我们，一些学生目前的差只是暂时的，应给他们转变和进步的时间和机会，充分地信任他们，用希望和发展的眼光看待他们，对他们进行耐心细致的帮助和教育，切实遵循差生教育的规律和原则，真正做到因材施教，使他们在最大限度上成为品优、学优、智优的"三优"型学生。

二、差生的八种心理

（一）逆反心理

这是一种与教育作用相斥的心理。表现为：你越是这样，他偏要那样，故意"对着干"。

（二）称霸心理

这是一种为了过分展示自我的心理。表现是：企图通过某种手段确立自己在群体中的中心地位，叫他人"俯首称臣"。

（三）猎奇心理

这是一种与生理发展协调的心理。表现为：求知欲的异化，好奇心的增强。

（四）模仿心理

特别是对他们所崇敬的人，更是一言一行都要仿效，也喜欢模仿影片中的打斗等行为。

（五）报复心理

这是虚荣心受到损害后所产生的一种病态心理。

（六）模糊心理

这是由于思想不成熟而导致的一种心理。表现为：良莠不分，好坏不辨，是非不清。往往把冒险当勇敢，把轻率当果断，把亡命之徒的行为当作英雄行为。

（七）相容心理

这是由于共同的思想基础而导致的一种心理。表现为：同"类"相容，同"病"相怜，"交叉"感染。差生与好同学难得玩起来，相反，差生与差生容易结成团。

（八）虚荣心理

这是一种自尊心发生异化后所产生的心理。如：爱面子，讲排场，摆阔气。

三、学习受挫学生的心理障碍

学习受挫——"挂红灯"，考分和名次低于自己的期望值，会使学生产生以下种种心理障碍。

1. 自卑。觉得自己笨，抬不起头，学习上信心不足。

2. 过敏。生怕被人瞧不起，对别人的轻蔑极其敏感：一句话、一个眼神也会使其猜疑嫉恨，火冒三丈。

3. 忌讳。不愿别人提自己的考分，对公布成绩名次尤其反感，并且在学习上讳疾忌医。

4. 孤僻。沉默冷漠，抑郁寡和，不懂也不主动请教。

5. 幻想。在想象中满足自我，因而上课时常发呆，不知老师所云。

6. 顺从。因为怕留级，调皮的学生也会老实听话（尤其在班主任面前），但在老师背后又是一个样，学习的自觉性和主动性不强。

7．发泄。用大喊大叫大哄大玩等方法来排遣郁闷，造成学习精力分散。

8．退缩。在学习上降低要求，减少努力，个别学生一到考试就请假。

9．推诿。强调自身学习条件不好，或全怪老师教得不好，却不从主观找原因。

10．冲突。厌学却不得不强迫自己学习；想考出好成绩，却又在别人面前做出贪玩不用功学习的样子。

11．文饰。拿不到高分就说"60分万岁"，在学习上的表现是不花大劲，得过且过；"挂红灯"就说自己本来就不想学，有意上课不听，作业不做，生怕别人觉得自己笨。

12．退化。自控能力减弱，上课多动不安，或在书本上胡写乱画，不注意听讲。当然，这和学习掉队听不懂也有很大关系。

13．逆反。极易与老师情绪对立，拒听劝导，你讲东他偏说西。

14．敌意。焦躁易怒，损坏公物，打人骂人，扰乱课堂秩序希望大家跟他一样学不好。

15．补偿。学习不行就想通过油嘴滑舌、高谈阔论、顶撞老师、打架闹事、称王称霸、谈恋爱和穿奇装异服等来显示自己。

对这些同学，一是要将教学的台阶降到他们能跨上的高度，多创造条件让他们发扬其他方面的长处，及时表扬他们取得的成绩和进步，促使在成功的体验中获得自信与自尊；二是要求成绩好的同学不在他们面前显得傲气，同学之间互尊互助。教师尊重差生，平等地对待每一名学生，做他们可信赖的朋友；三是要注意心理咨询，耐心疏导他们，切忌将心理问题跟思想品德和学习态度简单画等号以及采取粗暴批评和强制压服的方法。

四、差生的学习习惯培养四法

在教学实践中，首先重视经常对差生进行学习目的的教育，结合应用题教学，以一些经济建设中的生动事例说明数学在生产、生活中的地位和作用，学好数学与经济建设的关系，激发他们的求知欲；讲一些古人和科学家刻苦学习的故事，或利用班级中认真学习的典型，为他们树立榜样，让他们从中汲取精神力量，端正学习态度。其次，还从以下几方面培养学生良好的学习习惯。

（一）培养认真作业的习惯

要求学生作业干净整齐，做作业时看清想好再下笔写，特别注意不要抄错数字和运算符号，尽量避免因粗心造成的错误，尽量少涂改，做到少用或不用橡皮擦。

（二）培养有错必纠的习惯

作业本发下去以后，要求学生首先看看作业中有无错题，对错题要分析错误原因，及时纠正，避免错误对新学知识的影响。

（三）培养按时完成作业的习惯

有的差生不能很好地利用时间，课堂作业布置后不马上动笔，东摸西看，浪费时间，别人已经做了几道题，他还在找笔找纸，一点紧迫感也没有。往往时间到了，还有好几题未做，因此，成绩总上不去。为了使他们克服这个坏习惯，要严格训练他们做好课前准备工作。要求他们作业一布置，立即动笔做。经过反复的重点指导训练后，有这种毛病的差生逐渐加快了作业速度。形成习惯后，他们在测验、考试中也能按时完成，成绩也跟着提高了。

（四）培养独立思考的学习习惯

有些学生往往是因贪玩或不懂，为了应付而抄袭作业。针对这些情况，除了要他们重新做作业外，还教育他们正确处理好作业和玩耍的关系，同时，每节课都注意掌握他们学习的情况，及时辅导，并鼓励他们不懂要敢问，对有进步的学生，在班上进行表扬。

五、差生的课内外辅导五法

差生理解、思维、表达、记忆等能力一般都比较低，许多知识都需要经过多次反复教才能接受，因此加强对差生的辅导尤为重要。有些差生，通过树立信心和具体补课，学习成绩就逐渐赶上来了；但是也有些差生，学习态度一直比较好、可是学习成绩却一直不够好，这往往和他们学习方法不对、智力水平低有密切联系。对这些学生，重要的是发展他们的智力，也就是培养和发展他们的观察力、思考力、记忆力、想象力。就教师来说，主要是教会学生学。例如，培养学生学会读书，就在培养学生读书的具体指导中，使学生学会对书本的知识内容进行分析、概括，学会发现问题，指出问题，学会检阅工具书，独立地解决难题；特别是随着学生年龄的增长，注重培养学生善于总结自己的学习过程，自觉地调整自己的学习方式，改进自己的学习方法。

智力，一般是指人们顺利完成某种活动的心理特征。这种智力活动能力，是在实际活动中发展起来的，教师应为差生创造发展智力的有利条件。遗憾的是有些教师不论课堂提问，还是各种实验演示活动，总不愿叫差生出来参加，总怕他们答不好，耽误了时间，这就使差生失掉了大量发展智力的机会。有经验的教师，不但注意在补知识课上让差生"吃偏饭"，而且在课内外各种学习实践中，也给差生"吃偏饭"，让他们多参加学习实践活动，并给以具体指导，使他们在各种活动中，增长才智，提高分析问题和解决问题的能力。

（一）在课堂教学中适当照顾差生

对他们采取"四优"措施：优先提问，通过让他们多回答问题，促进他们思维能力的发展；优先板演，使他们得到多练的机会；优先批改，优先辅导，使他们及时发现问题，及时纠正，达到当堂学习，当堂消化的目的，避免把问题积累起来，力争新课不"欠账"。

（二）对差生进行有的放矢的课外辅导

差生学习上"欠债"多，他们的知识就难以衔接。要注意在课前对差生补好与本节教学内容有关的基础知识，为他们扫清接受新知识的障碍，减少学习上的困难。

（三）及时掌握差生的反馈信息，及时辅导

教学中注意抓好每上完一部分内容即进行综合练习这一环节，及时了解学生掌握知识的程度，获得反馈信息，然后按题类分别记下那些尚未弄懂这类题的学生的名字，及时分组进行辅导，并在以后的教学中注意多让这些学生解答此类题目，通过强化练习，使他们掌握和巩固所学知识。

（四）让学习好的学生帮助学习差的学生

要注意发挥"小老师"的作用，指定一个优等生和一个差生组成学习互助组，让优等生督促差生完成当天作业，帮助他理解没有学透的知识和巩固所学知识。

（五）搞好家校联系，争取家长支持，共同提高差生成绩

提高差生的学习成绩，是一项艰苦、细致的工作，但是不改变这部分学生的状况就不能大面积提高教学质量。因此，即使在困难的情况下，也要满腔热情地关心他们、爱护他们。只要采用适当的教学方法，使他们树立起自信心、激发起他们的学习兴趣，是能够提高他们的学习成绩的。

六、差生的三种归因方式及其转化

学生学业不良行为的存在，造成了投资、精力和人才的极大

浪费，给社会、学校、家庭带来了沉重负担。学业不良行为的自我归因，是学生进行学习结果认知的极普遍的心理活动，是对造成学业不良原因进行的估计与推断。这种估计与推断呈反馈式，是一种逆向的总结过程。学生学业不良的自我归因，主要呈现以下几种模式：

（一）退缩型归因

随着学生屡遭学业失败的痛苦体验，他们往往把失败归因为"缺乏能力"，甚至责怪自己"脑子笨""读不进"，产生消极的自我否定和自卑感。他们想把学习搞好，无奈基础太差；想进步，教师不予理睬，于是由最初的痛心而变得麻木，最终只好放弃学习，走辍学的道路。

（二）攻击型归因

如果教师对学生开始出现成绩不良的原因不做具体分析，只是批评、指责、惩罚或者嘲讽，对学生的学习态度和学习能力采取否定态度，就会使学生对学习成就感到绝望。为了维护内心的平衡，弥补自尊心的损失，一部分学生会不自觉地把注意力转移到其他方面，上课不能专心听讲，经常做小动作，在态度上情绪上产生敌视心理。对低分也好，批评也好，告家长也好，一切都显得无所谓，并以此来掩饰自己内心的激动和因自尊心受辱而感到的痛苦。产生态度和情绪上的敌视心理，就会在行动上出现攻击的表现。

（三）服从型归因

当学生把学业不良归因为缺乏自身努力时，能使个体产生更多的期望程度，提高抱负水平，形成良好的自我态度和积极的自我概念。面对失败能保持信心，从而可以提高学生学习的主观能动性，加大努力强度，坚持到底直到成功。

学生学业不良行为的自我归因方式，对提高学生与学习有关的心理过程具有重大影响作用。消极的自我归因，必然伴随消极的情绪体验。学习活动的积极性和主动性受到压抑，削弱了学习动机，使感知、思维、想象等认知机能受到阻碍；积极的自我归因，则能产生积极的情绪体验，从而增强学习的积极性和主动性，使学生的潜力得到充分的挖掘，能力得到充分的发展。

纵观转化学生学业不良行为的典型，无不渗透着教师对学生的尊重、理解、忍耐和期待。对学生的信任和期待，能引起学生巨大的内驱力，一个人只要体验一次成功的快乐和胜利的欣慰，便会激起追求无休止的成功的意念和力量。教师要使每一名学生能在不同的基础上取得学习上的成功，让那些成绩不佳的学生也能体验到成功的欢乐和安慰，打破失败的僵局，迈出成功的第一步。

人们常说，成功是对自己能力的证明，是对学习的最好奖赏。连续的成功能引起各种与学习有关因素的整体的积累性变化，使学生形成比较稳固的归因类型，使成功的积累性效应长期化、稳定化。

七、教师对差生传递期望的十种方式

布罗菲、古德以及杜赛克等人分别指出，教师传递期望的方式有以下几种：

1. 差生被安排在远离教师的座位上或被安排在一个组里。教师认为差生学得不好，将其放弃。

2. 教学情境中教师很少注意差生（对他们微笑少，与之眼光接触少）；相反，课堂出现干扰，教师倒是经常向差生望去。

3. 对差生课堂提问少，让其上黑板练习的机会少，认为提问差生很费时间。

4. 差生回答问题时，教师等候他们答完的时间少。

5．对差生在课堂中的失败行为不加容忍，视其为破坏课堂纪律。

6．答错问题时，批评差生比批评优等生多，认为差生捣乱。

7．答出问题时，表扬优等生多于表扬差生。

8．答题不完全时，表扬差生多于表扬优等生，认为差生能力低，答到这种地步实属不易。

9．为差生提供的明确、详细的反馈少于为优等生提供的。

10．对差生的学习和努力要求不如优等生那么严格。

通过这十种方式，差生从教师那里获得了以下信息：教师认为自己不行，放弃了自己；教师不会喊自己回答问题，即使喊了，也不是真诚地想从自己处得到回答。这样，差生对问题就不努力思考，因为他知道思考浪费时间，教师会等得不耐烦，而喊其他同学回答；即使自己答对了也不常受到表扬，何况一旦答错还要挨斥责，不如保持沉默。差生的这种行为反过来又强化了教师的期望：差生不会学得好。教师再把这种期望通过各种途径传递给差生，久而久之，恶性循环导致差生成绩进一步的下降。相反，良性循环使优等生不断进步。

八、转化差生八法

在转化学习差生工作中，要根据差生各自的特点，遵循因材施教的原则，采取切实可行的方法。

（一）师爱感化法

古语云："亲其师，信其道。"教师要用爱心去唤醒学生沉睡的心灵，使学生与教师之间建立起纯真的感情，这样，学生就会信任教师，对教师提出的适当的学习要求便会欣然接受。

（二）志向陶冶法

采取多种多样的形式，帮助学生立志，如举行"我长大了干什么""理想列车"等主题班会，陶冶学生的情操，使其从小立下雄心壮志，进而产生学习动力。

（三）兴趣迁移法

抓住差生的闪光点，扬其所长，避其所短，并设法把其特长和兴趣引到学习上来，逐步提高学习成绩。

（四）课内外关照法

课堂教学时要给差生创造机会，让他们表现自己，对他们微小的进步都要充分给以肯定表扬，让他们体会到成功的喜悦。课外要及时辅导，使其能跟上教师的授课进度。要采取多表扬、少批评的方法，对其错误的意见和错误的方法要耐心纠正。

（五）知识补救法

对差生知识的欠缺程度要了如指掌，应本着让学生循序渐进、学有所得的原则去辅导他们，使其欠缺的知识得到及时补救。

（六）集体激励法

强化班集体的凝聚力，树立正气，不歧视差生，主动帮助他们，使差生感到自己是集体的一员，集体荣誉与己有责，从而激发他们学习的积极性。

（七）表彰激励法

对差生的进步，学校要像表彰好学生一样，对他们进行表彰，树立他们的进取心，使他们更加努力拼搏，争取更大进步。

（八）操作引导法

主要是指为差生提供可借鉴的学习方法。教师可以介绍有关的学习方法，还可让学习好的学生进行学习方法的传授，使学习差生知道怎样学习。

对差生学习评价的基本要求：

心理实验证明，一个人只要体验一次成功的欢乐和胜利的欣慰，便会激起追求无休止成功的意念和力量。差生并非门门学科都差，平时总会有一时的成功，教师注意抓住他们某学科或学习过程一些微不足道的"成功点"，科学而灵活地评定成绩，会使他们在学习上迈出"胜利"的一步。为此对差生的分数评定，应做到：

1．只记"成功分"，少记、不记"失败分"，可不打不及格的分数，在大纲规定的标准下可以有多层次评分标准。为了肯定差生学习上的"成功点"，可以降低评分标准。

2．注重反映差生本人学习"进步点"的"竖评"，不搞和一般生相比较的"横评"。这种因人而异的分数评定工作，对于改变差生的学习是很有益处的。

九、差生转化中的三个关系

教师在转变差生的过程中，应遵循唯物辩证的观点，处理好以下几个关系：

（一）表扬与批评的关系

差生经常处于"被告"地位，他们经常看到的是教师和同学的白眼，感受不到集体的温暖，丧失了进取心，对批评特别是公开批评产生逆反心理。因此，对差生应以表扬为主，表扬他们的闪光点和点滴进步，以激起他们希望与进取的火花。要以批评为辅，尽量避免在公开场合的批评。在批评时应慎重，做到适时、适度。适时：应在差生具有正常心态的情况下进行，切忌不要在他们失去理智的情况下"火上浇油"；适度：批评应循序渐进，切忌批评的失真。

（二）严格要求与耐心说服的关系

差生的缺点与不足较多，没有严格要求就没有差生的转变。但严格要求应考虑差生的心理承受能力，即根据差生的具体情况，采取区别对待的办法；不断提高对差生的要求，逐步到位，切不可操之过急。两者关系应是耐心说服基础上的严格要求，在严格要求指导下的耐心说服。

（三）惩前与毖后的关系

教育差生应始终立足于教育、转化的基点上。要转化差生，就应使他们对以前的缺点与不足有正确的认识，引以为鉴，以防止重蹈覆辙。所以，惩前不是目的，只是为了毖后；毖后才是惩前的出发点和归宿。只有惩前，才有利于毖后，只有毖后，惩前才有实际意义。惩前要力求使差生心悦诚服，这就容易取得良好的毖后效果。

十、转变差生的"六要""六不要"

任何一个班集体都会有优等生和差生。转化差生是班务工作的重要部分，要把它做得卓有成效，必须做到"六要""六不要"。

（一）要爱不要恨

心理学研究表明，情绪可以成为意志的动力，也可以成为意志的阻力。教师要利用自身的人格威望及其对学生的真挚热爱和期望进行潜移默化的熏陶，感情的温度提高到差生思想的"熔点"，使师生的感情熔炼在一起，促使差生转变，憎恨、厌弃、冷若冰霜只能使差生走向歧途。

（二）要教不要训

对中差生要从正面教育入手，以理服人，讲究教育过程中的艺术性，把耐心说服和必要的纪律约束结合起来，培养他们自我控制能力，矫正不良行为习惯。训斥、谩骂、讽刺、挖苦的简单方法只能使结果适得其反。

（三）要严不要罚

严，不是苛刻。在尊重和信任学生的基础上，提出合理的严格要求；对其缺点错误进行严肃的批评和教育。严格与尊重相结合，激起学生的自尊心、上进心和自信心，使其成为一种积极的鼓舞力量。用变相体罚来整治学生，即使你有恨铁不成钢之心，学生也不会有丝毫感激之情，只会以逆反心理相报。

（四）要拉不要推

差生的转变不是做一两次工作就能见效的，而是要经过长期、反复、耐心的教育。要善于发现差生细微进步，反复抓、抓反复。切忌不闻不问，听之任之。拉一把"回头是岸"，推一把"万丈深渊"。

（五）要正不要斜

教师要站在公正的立场上，对所有学生一视同仁，不偏爱"得意门生"，不轻视差生，懂得人总是在发展变化，差生中也可能出人才的哲理。

（六）要和不要凶

平易近人，满腔热情易被学生接受，也易激起学生情感上的共鸣，产生强烈的感化作用。有些教师可亲不足，可畏有余，摆老师的架子，居高临下，用高压的方法制服对方。这种方法极易伤害学生的自尊心，激化矛盾。

教师要想做好差生的转变工作，必须提高自身素质，加强思想修养，探索最佳教育方法，才能达到良好教育效果。

十一、与差生交谈六法

（一）从友善开始

实际生活中，不少教师对差生总是大发脾气，总是说些极不中听的话，甚至挖苦、辱骂。这种做法是极不妥当的。如果你想要学生接受你的意见，就必须使他相信你是善意的，你是他可以信赖的人，他才会敞开心扉，跟你说知心话。因此，找差生交谈，一定要以一种友善的方式开始。例如，可以握握他的手，摸摸他的头，或帮他整理一下衣服，招呼他坐下，然后说"我们谈一谈""我们聊一聊"等，给谈话创设一个和谐的气氛，奠定一个良好的感情基础。

（二）从赞美着手

我们找差生交谈，常常是在发现差生有了过失之后，因此，交谈切忌开门见山，可以先对他的长处赞扬一番，然后进行实质性的交谈。

（三）从得到"是的"开口

当一个人说"不"时，他所有的人格尊严，都要求坚持到底。他的内分泌、神经、肌肉，全部凝聚成一种抗拒的状态。而当一个人说"是"时，就没有这种收缩现象产生，其身体组织就呈前进、接受和开放的态度。我们在与差生交谈时，一定要考虑怎样一开始就让学生回答"是的，是的"。如果我们能让学生开口的第一个字是"是"的话，谈话则可以继续下去，否则是无法进行的。

（四）抓住理解、同情的感情线

所有的人都渴望得到理解与同情。因此，当我们和差生交谈时，一定要对他的处境、想法表示深切的理解与同情。从一名学生的作文里，教师了解到她的家庭：爸爸只会打牌、赌博，回家后就打妈妈。这些无疑给这名同学的心灵带来很深的创伤。教师每次找她谈话，都先给她以同情，问她的近况，称赞她的母亲是一位能吃苦的人，然后再向她提出一些值得注意的问题，使她体会到学校的温暖、教师的爱心。

（五）批评学生之前不妨先谈谈自己工作的不足

教师批改学生的作业，发现一名同学写得糟透了。教师便从自己几天前的一堂语文课为赶任务而板书字迹不工整一事说起，承认自己也有书写不认真的时候。这名同学听了教师的话，诚恳地说："昨天，我一心想赶快做完作业去打乒乓球，就写得很乱。我保证以后认真写好作业。"谈话就这样愉快地结束了。

（六）把"慷慨的赞美"贯穿于整个谈话过程

一个人的能力会在批评下萎缩，而在鼓励下绽放花朵。所以，我们要学会慷慨地赞美，并把它贯穿于整个谈话过程之中。

除了这些方法之外，在和差生交谈中，还可以间接地提醒他注意自己的错误，让他保住面子。

十二、差生批评艺术

（一）抑扬兼用

美国著名女企业家玛丽·凯认为赞美"是鼓励下属的最佳方式"，而"将批评像三明治似的隐藏在两个大大的赞美之间"。大量实践证明，差生对教师的褒扬之辞十分渴求，对差生一味地进行批评，必然会导致其逆反效应，即心理上的不信任、厌恶和对抗情绪。贬抑与褒扬相结合，体现了对差生的一分为二的态度，容易使差生感到批评者的通情达理和实事求是，从而在心理上较乐于接受批评。

（二）情理交融

对差生冷漠的心灵呼唤，离不开教育者的感情做媒介，师生之间思想上的共鸣，更需要教育者借助爱的力量去撞击。情感作为一种潜移默化的感召力量，已成为广大教育工作者的共鸣。情不通，理不达，感情相悖，即使是"金玉良言"，也免不了会"好雨落在荒田里"。但是，在重视对差生"感情投资"的时候，切莫过于迷信"爱的效应"。生活中得不到良好回应也不曾少见。教育工作者的任务是要医治差生心灵的创伤，驱除其心灵的阴影，挽救其被污染扭曲的灵魂，而要达到这一目的，非真理的力量不可。

（三）冷热相间

一般地说，对差生的批评要把握时机，趁热打铁，这样做一方面是防止和控制差生过错行为蔓延和继续恶化，造成学校、班集体以及个人更大的损失，另一方面是因为时过境迁，差生的心理波动和过错感受已经淡化，容易把批评者的批评当作是"算陈账"，而加以拒绝。但是，教师对差生的批评教育有时也要"冷处理"，即当差生情绪不够冷静之时，要稍作等待，搁一搁再处理，这样既可以避免师生间不必要的正面冲突，减少师生之间紧张对立的情绪，同时也可以使批评者在处理问题时少一点"感情用事"，多一点"理智介入"。

（四）点面结合

由于差生与差生之间在感情上相互吸引而"同病相怜"，有时候就形成了一个非正式群体，他们之间彼此制约，相互影响，教师要冷静地对待这个"面"，切不可低估这个"面"的消极作用。要通过各种良好的舆论规范，紧密联系实际，使差生对"哥们儿义气"产生切肤之痛，培养他们正确的是非观念，形成他们正确的道德评价意识。对非正式群体中的"领袖人物"，要做好重点突破工作，要借助于学校、家庭、社会各方面的力量，促使"点"的转化和"面"的瓦解。做"点"工作切忌采用粗暴、生硬和"杀鸡儆猴"的简单化办法。

（五）刚柔相济

对差生的批评有时要像烈火一样刚气激越，有时又应如流水一样柔情一片。刚柔相济，体现了教育转化艺术的多样性，批评的刚柔与差生的个性心理有密切关系，顺应差生的个性差异，或以刚制柔，或以柔克刚，或外柔内刚，或刚中寓柔，都可以收到批评教育的预期效应。教育的实践表明，对那些性情机敏、疑虑心理较重、自我防卫能力较强的差生，则应刚柔相济，灵活多变，以便迅速冲破对方的心理防线，使他们较快地意识到批评者的意图。倘若和他们采取"正面交锋"，他们非但不愿敞开心扉，与教师进行情感的交流，甚至很可能会有精神的负担，从而人为地增加转化工作的难度。对于那些反应速度快，脾气暴躁，否定性心理表现明显，行为常为情绪所左右的差生，最好采用"春风化雨，点滴入土"的以柔克刚的方式，以商讨的口吻，平心静气地把批评的信息传递给被批评者，改变被批评者可能存在的对抗动机，稳定他们的情绪。而对那些消沉颓唐，行动散漫，或自我意识浅薄，被动性强，或不正视过失，且爱察言观色、怀有侥幸心理的差生，批评者则应当"投猛剂、起沉疴"，对之猛击一掌，通过语言、内容、语调的强刺激，以"刚"促使其从昏迷中震醒。

（六）"跟""放"统一

"跟"，即对差生实施批评后的跟踪随访。教师要善于观察差生在被批评后的各种行为反应，透过他们行动倾向的表象，把握其悔过认错的深层本质。跟踪过程中，如果发现差生确有改正之意，应及时鼓励，如果发现差生把教师的批评当作"耳边风"，则要考虑改变其行为的更为有效的策略。跟踪差生，不是监督差生，这就有一个"放"的问题，即放手让差生完成某项任务，甚至委以重任，要为差生的成长创造一个良好的环境，使其个性沿着正确健康的方向充分自由和谐地发展，让差生体察到教师的关怀和信任。

（七）"批""评"互补

"批"，即教师要指出差生的偏态行为，使差生了解自己，但"批"必须"评"来补充，即教师要帮助差生分析产生偏态行为的原因及其危害，使差生正确地认识自己，心悦诚服地明确纠偏方向，只有"批"得正确，"评"得在理，"批""评"互补，才能使转化教育工作相得益彰。

十三、宽容差生的方法

对于犯错误的学生，教师常有两种不同的态度。对表现好的学生，教师在处理中多少含有宽容之意；对于差生，则是严厉有加，训斥不已。对正在转化的差生，常有"恨铁不成钢"之感。如果把差生转化过程看作是一部机器的运转过程，那么，促使其运转停止的原因，就是缺少了"润滑剂"——宽容。

差生之所以被称为"差"，经常地、不断地犯错误是其显著的特征。正在转化的差生也是如此。为什么教师总不能给予一些宽容呢？由于急躁和失望教师往往认为：还是严厉一点好。教师必须从这种心理定式中走出来，才能化严厉为宽容。苏霍姆林斯基说："要知道孩子是不会故意做坏事的，如果教育者硬认为孩子有这种意图，是蓄意干不良行为，这就是教育上的无知。这样在教师竭力'砍掉劣根'的同时，把所有的根都砍掉了。结果使童年时代生机勃勃的幼芽枯萎了。"

真正做到宽容是不容易的。

一是教师要对差生充满爱心，对其转化具有充分的信心。爱心是信心的基础，信心是爱心的表现。

二要有敏锐的观察力。差生的性格一般比较独特，他们的思维、观念都有自己特殊的一面。因此，他们所表现出来的缺点、错误也有相对独特的地方，这就要求教师有敏锐的观察力，对他们转化过程中所表现出来种种错误加以分析，正确对待。要宽容他们由于习惯特点造成的错误，对新出现的情况，也要做出具体分析。

三要学会健忘。差生一般有较强的自尊心，教师切不可抓住其不足之处不放，"新账旧账一起算"，这样，教育效果会适得其反。

教师要学会"健忘"，不必对差生的"差"耿耿于怀。教师要豁达大度，为宽容打下良好的心理基础。

四要善于运用幽默。对学生的错误要宽容，但宽容不是回避，也不是视而不见，任其发展，而是要巧妙地运用迂回战术，克服错误，这就需要幽默。幽默风趣隽永，又能显示智慧的光芒，它能在愉快的氛围中让学生明白自己的过失，又能暗示应行之道，幽默导致的宽容，具有高度的教育价值。

第三章

教师如何做好因材施教

第一节 优化教学方法

要使教学方法优化，就要掌握教学方法的科学性与艺术性的双重特征。任何教学方法的确定和选择，都是有其科学依据的。我们应该根据教学本身所特有的规律性，确定和使用教学方法。

正如美国学者乔伊斯在《教学模式》中所指出的，"没有一种教学模式是为适合所有的学习类型或学习风格而设计的"。忽视教学方法的多样性和多变性，拘泥于一种固定不变的教学模式，很难取得良好的教学效果，打破这种单一的僵化的教学模式，实行教学方法的优化，是当前提高教学质量的需要。

一、合理使用教学方法

有些教师为了迎合新教程的一些理念，为了合作而合作，为了探究而探究，把一些传统的教法放在了一边，看似很热闹的一堂课，却没有达到教学目标。这表明，因材施教，合理使用教学方法显得相当重要。

（一）形象讲授教学法

利用这种方法能让学生在比较短的时间里获得知识，教师的主导性也能得到充分的体现。这种方法的缺点是：在时间、知识容量和表达技巧上把握不好，容易把教学变成满堂灌，会削弱学生主动学习的积极性。

教师应用学生已有的知识或从生活经验中找相应的实例作比喻，使抽象的知识变得具体、形象化。如在学 Windows 操作系统基础时，将创建新"文件"比作新的"练习簿"，把"复制"比作用复印机复印材料，把"移动"比作"运货物"；在学 Excel 时，将"工作簿"比作会计的一本"账本"，"工作表"比作账本里的"账页"，把"单元格地址"比作一家一户的"门牌号"。通过比喻，化抽象为具体、复杂为简单，使枯燥乏味的概念变得生动而有趣，学生容易理解和接受。

（二）演示操作同步教学法

示范性操作演示在信息技术课教学中起着很重要的作用，它可以帮助学生快速掌握操作技能的要点，使学生自主实践时少走弯路。比如，在学习窗口的基本操作这一知识点时，教师边讲解边操作演示，学生边听讲边进行同步操作，如进行窗口的移动、窗口的最小化、窗口的恢复等操作。

实践证明，学生通过上机实践，既掌握了操作技能，又积累了知识。这种教学法体现了理论与实践相结合的教学规律，使学生更好地理解和掌握所学知识。同时，通过操作能培养学生观察、构思、创新的能力。

（三）小组讨论法

小组学习在信息技术课教学中也是一种比较常用的学习形式。小组讨论法比较适合于没有固定或唯一答案的知识性论题的教学，例如，信息技术课中的多媒体作品制作、信息社会伦理道德、信息文化等内容的教学就可以使用这种方法。

小组讨论法的教学中，学生的自主性能得到充分发挥，个性也得到充分的体现，也有利于培养学生交流协作等能力。但由于学生相对比较自由，因此教师需要加强讨论过程中的引导作用，确保学习按预定方向进行。

（四）主题"任务驱动"教学法

在教学中教师依据教学内容，确定任务。教师设置目标，多留给学生尝试的时间和空间，引导学生自主探索，发现与主题相关的知识，充分体现了以学生为主体的教育模式。比如，在学习文字处理软件 word 时，教师让学生按一定要求用 word 图文混合排版，对图片大小、位置以及文字字体、字号、颜色进行美化。这种教学法充分发挥了图文并茂的作用，使学生产生浓厚的学习兴趣和强烈的求知欲望，在操作中教师及时解答学生提出的各种疑问，分层指导，满足各层次学生的需求，通过实践使学生体会到完成任务后获得的成就感，从而增强他们的学习自信心。

（五）计算机辅助教学法

利用这种软件辅助教学，可以充分调动学生的积极性和主动性，让他们在多种感官刺激中获得认知的意义建构。教学软件中内容的组织方式也多种多样，有专业公司针对某一模块内容专门制作的学科教学软件，如打字练习软件、单词学习软件、益智游戏等；还有教材出版社制作的与教师用书配套的教学软件等。

（六）竞赛激趣法

为激发学生的学习兴趣、创作欲望，利用学生的好胜心、自尊感，组织学生进行操作比赛，能更好地激发学生的竞争意识，调动学习积极性，能够使他们熟练地掌握软件的各种操作，活跃课堂气氛，营造积极向上的学习氛围。例如文字编辑比赛、电脑美术制作比赛、网页制作比赛等，对提高学生的基本操作能力有很大的帮助。

教无定法、学无止境。课堂上如何实现多种教法的优化组合，还需要在实践中不断探索，这也将是编者今后努力的方向。

二、优化教学方法

（一）依据教学目的和任务优化选择

教学的目的和任务是教学方法优化选择的基本依据。例如对于大专院校法律专业来讲，其教学目的和任务是培养应用型基层法律工作者。在向学生传授基本法律知识和其他基础知识时，可以采用启发性讲解法或谈话法等；在培养其解决实际问题的能力时，可以采用讨论法、辩论法等；在基本技能的训练上，可以采用练习法、操作法、实验法以及技能训练游戏法等。

（二）依据教材内容的特点优化选择

教材内容是教学方法的直接对象，选择教学方法，必须根据教材的内容和特点。我们现在选用的教材的知识类型既包括基本概念、基本知识和基本理论，也包括现行法律的基本规定等，因此，对于基本概念、基本知识和基本理论的掌握，可以采用讲解法、问题讨论法和自学辅导法；对于运用现行法律解决实际问题，可以采用案例分析讨论法、模拟法庭审理实验法等。

（三）依据学生实际情况优化选择

学生是教学方法的实质对象。因此，选择教学方法必须从学生的实际情况出发。由于学生个体客观上的差异，他们在学习方法、逻辑思维方式、知识基础认识水平、感知方式等方面存在很多不同，同时他们的兴趣爱好、行为习惯、气质个性等方面也有很大差异，这就要求我们要采用多种教学方法来"因材施教"。比如，同一门课，同一内容，有的班级可以采用讨论法或辩论法，有的班级则要用讲解法。

即使是同一班级也要根据教学活动的发展，采用灵活多变的教学方法，以激发学生的求知欲，使他们关注所要学习的内容，激发他们的学习兴趣。这里需要特别指出的是不存在任何情况下，对任何学生都行之有效的唯一的最佳方法，也不存在对某一学生永远都适用的最好的教学方法，必须根据实际情况的发展变化，灵活地选择教学方法。

（四）依据教师的素养水平优化选择

教师应尽量发挥自己的长处，有效地运用多种教学方法。例如在说明一个理论问题时，有的教师可以用生动形象的语言把问题的事实和现象描绘得生动具体，然后从所讲的事实出发，由浅入深地讲清道理；有的教师则长于进行案例分析，通过对案例的分析归纳总结，讲清理论。前一种教师用的是讲解法，后一种教师则采用了讨论法。因此每位教师都应根据自己的素养水平扬长避短，发挥个人优势，采用适合自身特点的教学方法，否则就不可能在教学实践中产生良好的效果。

教学方法的优化要因教学目的、任务而异，因教材而异，因学生而异，因教师而异，不能搞千篇一律一刀切。因为每种教学方法就其本身来讲都是相对辩证的，既有优点又有缺点。因此教学方法的优化，必须掌握方法与教学目的和任务、教学内容、学生和教师的内在联系，找到适合教学需要，完成教学任务的科学的教学方法。

在实际教学工作中，教师要根据条件和需要，善于对教学方法进行艺术性的再创造、再加工，灵活地、艺术地运用于教学实践中。

第二节　发展学生个性特长

从我们多年教育实践中认识到，基础教育就是儿童和青少年打基础的教育，是为接受较高层次的教育和参加社会生产劳动打好基础的教育。这个基础是重在能力。我们认为，通过基本课程知识的讲授，使学生在掌握自然科学、人文社会科学的最基本的知识的同时，能够培养出刻苦攻读的自学能力、综合归纳的分析能力、勤于实践的动手能力和锐意进取的创造能力。这才真正表明教育质量的提高。作为全面素质的提高，当然应该而且必须包括人的基本素质、做人道理和实践的提高。即教会并引导学生学会把中华民族的传统美德与时代精神相结合，做"有理想、有道德、有文化、有纪律"的一代新人。

基础教育面对的是祖国的未来——全体儿童和青少年，为他们在思想品德、科学文化、劳动技能和身体心理等方面全面打好基础，这对他们的健康成长，乃至今后的学习、工作和生活都是极为重要的。为振兴中华，为社会的发展与进步，国家需要各个岗位、不同层次的人才，这就决定了我们的教育必须面向全体学生；而为了使全体学生在各自的基础上得到最大限度地提高，就必须在教育的过程中遵循因材施教的规律。可以说，面向全体、因材施教就是面对全民族的少年儿童，就是着眼于全民族整体素质的提高。要实现中华民族复兴的伟业，就要求它的参与者具有与之适应的高素质。

课程是对学生进行教育的载体，是学校落实教育任务，全面贯彻教育方针，实现培养目标，提高教育质量的重要保证和主要手段。课程要有统一性，才能实现教育目标；课程要有多样性，才能适应社会和人发展的不同需要。只有两者有机地结合，才能达到面向全体的要求。

因材施教，就是根据学习者资质等具体情况的不同施行不同的教育，体现了孔子以人为本的教育思想，对现在的教学仍然有着重大的指导意义。只有准确地掌握学生各方面的特点，才能有针对性地进行教育。当今，受教育的少年儿童，由于社会的、历史的、家庭的、生理的种种原因，情况是各不相同的。我们应从学生实际出发，因材施教，从而实现学生共同进步、共同发展、培养发展学生的个性特长的目标。在对他们实施教育的过程中，既要有基本的统一要求，也要因人而异，因势利导，只有这样，才能有的放矢地进行教学，使每名学生都能扬长避短，获得各自的最佳发展。可见，因材施教是实现教育面向全体，培养出不同层次人才的保证。

学生是活生生的人，而不是可以任意处置的机器，故为师者要做到因材施教，就必须心中有学生，清楚地了解学生的个性特点，在此基础之上，才能对学生进行有针对性的教育，才能达到以生为本的教育境界。

因此，教师要深入调查研究、全面了解学生情况，既要了解学生的一般特点（知识基础、学习态度等），又要了解学生的个性差异（兴趣、爱好、特长等），还要分析研究造成差异的家庭、社会、历史的各种原因。学生的全面情况犹如毛坯，这就是学生的材，它是雕琢的基础、施教的对象，要在教学过程中针对不同基础的学生采取不同的方法，以达到不同的目的。还要针对学生的不同情况采取不同措施进行个别辅导，使基础不同的学生都能得到相应的发展和提高。

现代社会给人的发展创造了更有利的条件，现代社会对人才的创造性的呼唤要求学校教学重视学生的人性发展，然而我们的课堂教学中，学生不会自学，缺乏自学能力是我们教学的一大弊端。因此，我们就需要认真研究学生的个性，研究个性化教学原则、方法，特别是创新人才成长的规律及其教学方法。不仅要研究教师的教，而且也要研究学生的学，只有始终把教师处于主导地位，学生处于主体地位，才能有助于提高我们的教学质量。新课程背景下十分强调培养学生的"自主、合作和探究"的有效学习，作为教师，一方面要自己不断学习，更新教育观念，不注重于为应试而埋头教书；另一方面要在研究如何教学生的同时，还要多研究学生的学习策略和具体的学习方法指导。

因材施教的核心是在发现其兴趣、优势后正确引导,扬长避短。顺着这个"长"发展下去,其能力就会得到很好的展示。但可以肯定的一点是,让学生在自己所"短"的方向上做出成绩,是绝对不可能的。由于每个人的"长""短"不一,因此,他们绝对不可能成为同一类型的人才。

"三百六十行,行行出状元。"因材施教,就应该从学生的实际出发,注重个性特点,培养学生的学习兴趣,倡导乐学,从而实现使学生多才多艺、有特色地发展。孔子是乐学(愉快教学)的倡导者。他深知,要博学,必须愉快地学,要学习得好,必须心情舒畅,所以启发学生说:"学而时习之,不亦悦乎。"他还把乐学作为治学的最高境界。他说:"知之者不如好之者,好之者不如乐之者。"他以"知之""好之""乐之"这三种学习的态度相比较,一层深入一层,说明乐学的效果最佳。那么孔子是如何培养学生的学习兴趣,使学生乐学的呢?

建立良好的师生关系,注重民主教育,这是令学生乐学的前提。人是有情感的动物,师生感情融洽与否,直接关系到学生的学习情绪。师生感情冷漠,不可能创造出一种和谐的学习气氛;师生感情融洽,师爱生,生敬师,这样学生内在的情感自然被触发,并进而"爱屋及乌"般喜欢上教师的讲授,学习的兴趣浓了、劲头足了,这就是"亲其师而近其道"。孔子对学生十分热爱,与学生关系十分融洽。从不摆教师的架子,总是与学生平等地讨论问题,而且也能放下架子向他的学生学习。教学态度谦和、民主、诚恳、友爱,教学气氛轻松愉悦。我们应该像孔子那样对学生讲平等,讲民主,讲感情。

爱因斯坦说过:"兴趣是最好的老师。"有一句老话:你能管住他的身,可你管不住他的心。只要他感兴趣,他愿意做,他爱,你就阻止不了他去关心，他去投入。反过来，如果他没有兴趣，你无论付出多大的努力，他都会"身在曹营心在汉"，让你干瞪眼没办法。这就启示我们，兴趣是教育成败的重要条件，作为教师，关注学生的兴趣、调动和培养学生的兴趣、引导学生顺着兴趣发展，远比逼着学生死读效果要好得多。孔子就善于从正面表扬学生、激励学生。据统计，《论语》中关于孔子对学生的表扬共有十七处，批评只有六处，说明孔子是提倡以表扬为主的教育方法。即使批评学生，也总是善意的，从不伤害学生的自尊心。因此，他的学生总是爱学习，学习起来有积极性，乐此不疲。我们今天的教师也应根据学生的心理，加强正面表扬激励，这是让学生乐学的重要手段。

每个人都有一定的自尊心，有让人肯定的心理。教师应该恰如其分地运用激励机制，调动学生的学习兴趣。有时候，一个眼神、一句话、一个分数，都可以给学生很大的鼓舞，从而使他们学习起来更投入。我们应像孔子那样，发扬民主，热爱学生，建立平等融洽的师生关系，多肯定，多表扬，创设轻松、愉悦、和谐的教学情境和氛围，从而使教育活动生动活泼，达到最佳的教育效果。

教师要善于保护和调动学生的积极性、主动性，处理好主导与主体之间的关系。在课堂提问时，当学生一时答不上来，教师不要急躁，而要抓住时机给予启发、引导，并给学生再次表现的机会。对那些答错的同学，也应在充分肯定其进步的同时，善意地帮助他们重新把问题答好，使学生因自己终于答出问题而体验到成功的喜悦，从而激发他们的积极性和主动性。如果一些学生提出教师始料不及的问题，这时教师不应压制学生、堵塞学生的思路。只要学生提出的问题或思路是正确的、积极的，哪怕是错误的，教师也应予以恰当的支持和鼓励，这将对学生的终生学习产生莫大的作用。教师切不可指责讽刺，这将遏止、挫伤学生的学习积极性，伤害他们的自尊心。

"十年树木，百年树人"，教育是培养人、造就人的一种社会活动，是使个体社会化的漫长的、终生进行的过程。"教"和"育"都不是一时的，而是一世的，所以说，真正的"教育"实质上就是"终生教育"。

作为当代教育工作者，时代要求我们要爱护每一名学生，不能只对尖子生情有独钟，而对差生却爱莫能助，只有不断更新观念，掌握先进的教学理论，根据学生各个教育阶段的年龄、心理特征进行因材施教，才能使每一名学生都成才，实现真正的素质教育。孔子的教学艺术正如他的学生颜渊盛赞的那样："仰之弥高，钻之弥坚。瞻之在前，忽焉在后。夫子循循然善诱人，博我以文，约我以礼，欲罢不能，既竭吾才，如有所立卓尔，虽欲从之，末由也已。"我们要不断吸取中华民族的教育精华，利用宝贵的民族教育资源，使之能够在自己的教育土壤中生根、开花和结果。

第三节　学生心理的个别差异

每名学生心理的个别差异既是教育的结果，也是教育的一种条件。只有针对学生不同特点采取不同的教育措施，才能取得好的教育效果。那么，如何适应学生的差异性取得理想的教学效果，如何在教育教学中弥补学生之间的心理差异，就是这里探讨的主要问题。

古人云，人心不同，各如其面，学生之间的心理差异是客观存在的。教师的教，只有适应了学生学的差异性，因材施教，才能达到理想的效果。

学生个体心理差异，也叫个别差异，是指个体在稳定的心理特征方面的差异。它是在先天素质的基础上，通过后天教育、实践所形成的一贯的、持续的、不同于他人的个体心理特点。个体差异对教育效果有明显的影响。这就意味着教师在选择教育方法时，必须根据不同学生的心理差异采取相应的教育方法。

一、认知差异

这是与实际教育联系最为密切的心理差异。包括一般认知能力的差异、专门领域知识差异与认知方面差异三个方面。

（一）一般认知能力的差异

一般认知能力也称智力，存在着显而易见的个体差异。有些学生聪明，有些学生不那么灵活；有些学生接受能力强，有些学生学习速度慢。对于反应比较慢的学生教师应该适当放慢速度。在传统教学中，一般认知能力实际上总能够预示学生成绩的好坏。就一般认知能力的测量结果和学生成绩之间的相关程度而言，国外研究发现小学阶段是 0.6-0.7，中学阶段是 0.5-0.6，到了大学仅为 0.4-0.5，从这明显看出，由于影响学生成绩的因素来自多方面，随着年龄的增长，其他因素的作用愈加明显。另外，试验表明，一般认知能力与教学方法在学生的学业成绩上表现出明显的交互作用：低能力学生在个别指导下学得更好，而高能力学生在集体教学下学得更好。

针对学生一般认知能力的差异，教师应采用以下的教学策略：

对于早聪早慧的学生，教师要帮助他们拓展自己、完善个性；对于晚熟的学生，教师要给以扶持和鼓励，防止一个未来的巨匠埋没在不适当的教育氛围中。组成智力的认知成分一般包括感知、记忆、思维和想象等，这些成分可以按照不同的方式进行组合，从而构成了智力结构上的差异。学生智力结构上的差异会随时在学习中表现出来，如果教师善于发现学生的这些差异，就能够找到适应个别差异的教育教学方法。同时教师对学生一般认知能力的发展变化应保持敏锐的目光，要知道学生的一般认知能力什么时候得到了提高，什么时候需要补救。教师可通过有关技能、策略、知识方面的帮助使一名一般认知能力低的学生变成一名学习效率较高的学习者，而一旦学生的学习能力有了明显提高，就不必再采用教师指导过多的学习方法，以免浪费实践和干扰学生自己的成功策略而降低教学效果。

（二）专门领域知识的差异

学生在是否具备与学习任务相关的专门领域知识方面（即学生的已有知识基础）也存在个体差异，对学生学习有不可忽视的影响。学生在某一个特定学科领域的过去成绩能相当准确地预示学生在这一领域的未来成绩。例如，拥有相当预备知识的学生在学习有一定难度的课文时比缺乏这种预备知识的学生学得更好。同时，教师的教学方法与学生的已有知识之间具有密切联系。当某种教学方法要求学生必须将新旧信息加以积极整合时，具有相当数量预备知识的学生比缺乏这种知识的学生在学习中更易获得成功。

针对学生专门领域知识的差异，教师应采用以下的教学策略：

缺乏预备知识的学生宜采用演示法、讲解法、掌握教学法；而对于具备预备知识的学生来讲，教师不妨采用发现式教学方法或非结构化教学方法。此外，向缺乏背景知识的学生提供背景知识，然后进行新知识的教学，也同样对学生大有帮助。总之，预先训练和高结构化教学方法都能降低专门领域知识的个体差异所带来的教学负面影响。

（三）认知风格的差异

认知风格也称认知方式。是指个人在认知活动中所偏爱的信息加工方式。如有的学生喜欢听教师讲解，有的则喜欢独立思考。目前研究比较多的认知风格主要有场依存型和场独立型、冲动型和沉思型、具体型和抽象型。

从个体在认知加工中对客观环境提供线索的依赖程度看，个人认知风格可以分为场依存型和场独立型。具有场独立型风格的人适用于那些不强调"社会敏感型"的教学方法；而场依存者则相反。

因材施教意味着发挥不同认知类型人的特长，另一方面也意味着采取适当的教学措施弥补认知风格上的缺陷。按照学生对问题做出反应的速度，可以把学生分为冲动型和沉思型。两种认知风格各有优缺点，并无好坏之分：冲动型的人解决问题快，易出错；沉思型处理问题慢，错误少；冲动型学生在运用低层次事实性信息的问题解决中占优势；而沉思型学生在解决高层次问题中成绩更好。根据个体在进行信息加工时所采用概念水平的高低，可以把认知风格区分为具体型和抽象型，抽象型学生能够看到问题的多方面，可以避免刻板印象，能够容忍情景的模糊度并进行抽象程度较高的思考；而具体型风格的学生能比较深入地分析某一具体观点或情境。

针对学生认知风格的差异，教师应采用以下的教学策略：

对于冲动型和沉思型学生在教学中教师应注意发现并有针对性地培养。自我指导式训练将有助于教师尽量降低这两种认知风格的负面影响，它教给学生利用在问题解决过程中自我对话来监视自己的思维。

二、人格差异与教育

人格差异，特别是非智力因素方面的人格差异，对教育效果有显著的影响。学生动机方面的差异是影响学习效果的重要因素，学习动机有两种类型：一种是防御性动机，主要是指学生焦虑，例如对失败、成功的焦虑反应，个体的焦虑水平可以作为其动机激发水平（或生理唤醒水平）的标志。另一种是建设性动机，指学习者追求成功的需要，成就动机是影响学生学业成败的一个重要因素。

一名不思进取的学生，很难激发很高的学习热情，其学习成绩，学习效率必然难以提高；而一名追求上进、不甘人后的学生自己会以勤奋努力来不断获取自己欠缺的东西，即使面对失败，他们仍然坚持不懈，高成就动机的学生喜欢选择富有挑战性的任务，而且学习效果也比较好。

针对学生的人格差异，教师应采用以下的教学策略：

针对不同焦虑程度的学生，教师宜采用不同压力水平的教学和测验，对于低焦虑程度的学生，适于采用有较大压力的教学措施与测验类型，因为这类学生原有的动机激发水平较低，这种教学措施与测验类型可促使其动机唤醒水平由低趋向中等；对于高焦虑程度的学生，若采用压力较低的教学措施和测验类型，则会降低其动机唤醒水平，使之由高趋于中等。同时研究者利用问卷调查区分出两种成就倾向的学生：一种学生希望自己独立取得学习成绩，另一种学生希望通过顺从，迎合教师的需要来取得成绩，而教师也相应地有两种教学风格类型：鼓励独立型和要求依从型，结果表明，鼓励独立的教学风格有助于"通过独立"取得成绩的学生的学习，不利于"通过依从"取得成绩的学生的学习，反之，要求依从型教学风格不利于"通过独立"取得相应成绩的学生的学习，而有助于"通过依从"取得成绩的学生的学习。

三、性别差异与教育

男女之间的性别差异是个体差异中较为突出的一个维度，对学生学习也有一定的影响，就一般趋势而言：

（1）女孩的言语能力比男孩更强；

（2）10 岁以后，男孩比女孩数学能力更强；

（3）10 岁以后，男孩逐渐显示出更高的"空间—视觉"能力；

（4）男孩比女孩更具有攻击性。

作为教育工作者，我们应当承认学生的性别差异对学习有影响这一事实，但又不能夸大这种差异，更不能厚此薄彼。教师只有充分考虑到这种性别差异才能选择教育教学方法，从客观测量结果看，男生和女生在智力的不同方面各有优点和弱点。

针对学生性别差异，教师应采用以下的教学策略：

对于在早期经验中未能形成良好空间和数量技能的女生，教师应给予更多的帮助和训练。对于女生应尽早加强这方面的训练，以弥补先前经验的不足，我们现行的教育强调"扬长"，而忽视"补短"，致使性别差异随着年级增高愈益明显。依据性别差异教学，既应"扬长"，更应"补短"，所谓扬长的策略是指使男女生心理发展中的长处得以充分发扬的教学方法和措施；而补短的策略则是针对男女生心理发展中存在的不足或缺陷予以弥补。它们的最终目的是促使男女生的心理都得到完善而良好的发展，从而最大限度地发挥各自的心理潜力，并且培养男女生共有的优秀品质。

首先，教师要纠正传统消极的性别偏见和性别观念。其次，在教学方法上，根据男女生心理发展的不同特点，采取科学的教学方式，有的放矢地传授知识，培养能力，促使他们各自优势的发展和劣势的弥补。例如，对于女生智力因素中的优势成分，如她们的言语能力较强，擅长形象思维，教师应结合她们的这些优势，培养和发展她们在文科各领域内的才能。针对女生智力因素在逻辑思维、空间能力、理解记忆等方面的劣势，采取适当的措施，也可以使其得到优异发展。比如，通过数学学科的教学对女生思维灵活性的培养就十分有效。

对于男生也是如此，如理科的概括性和抽象性，一般更适合男生的智力特点，教师要让他们结合自己逻辑思维能力较强的特点，通过有关学科的教学，培养他们在科技等方面的才能。对于男生形象思维、言语能力等方面的不足，教师可以通过加强语文、美术、音乐等形象性比较强的学科教学，有意识地培养男生进行形象思维的习惯，并提高他们形象思维的能力。此外，还应运用多种教学方法加强直观教学，如观察事物标本、观看幻灯片、图片、模型等，这不仅可以丰富男生的直接经验和感性知识，而且也可以使男生获得生动的表象，从而提高形象思维能力。

要真正做到男女生心理发展的扬长补短，改变传统的课堂教学模式也是一个重要的环节。传统的填鸭式的灌输方式必须弃之，代之以启发式的教学方式。通过这种教学方式，教师在课堂上多提问，给学生尤其是女生更多参与和锻炼的德育与心理机会。要培养女生的思维分析能力，教师可有意识地少提些判断题，而多提些"为什么""怎么样"之类的问题，引导她们从多角度考虑问题，培养她们独立、深入思考问题的能力和习惯。即使学生回答错误，也要给予鼓励，切忌批评、讽刺。而针对男生容易忽视简单记忆性的知识，教师可提出一些虽简单却易混淆的问题，引导他们重视和掌握基本的知识。这种有的放矢的教学方法，教师可不仅仅在课堂上使用，还可用于对学生的考试评定上。这样，教师通过启发式的教学方式不仅传授知识给学生，而且教会了学生掌握学习的方法和策略。

四、解决方式

现在有了坚实的理论基础，教师们在课堂教学中能更多地运用心理学理论，使教学方法更能切合学生实际，做到有的放矢。作为数学教师，在课堂数学教学中，我们的具体操作是：

（一）创设情景

德国心理学家勒温的群体动力论告诉我们：个体行为不仅受个体内部条件影响，还受群体环境的制约。因此，教学情景与教学氛围的创设，对学生学习兴趣的培养起着重要作用。我们在教学中教师根据学生的现有认知水平，数学知识间的逻辑联系，创设一定的数学教学情景，以引起学生认知的内部矛盾冲突，从而激发学生的好奇心和学习兴趣，调动学生的学习动机，激发学生的学习兴趣，让他们主动地愉快地进行学习。

（二）目标实施

运用奥苏伯尔的"先行组织者"策略，先呈现一些密切相关的、包容广泛但又非常容易使人记忆和理解的引导性材料——先行组织者，帮助学生建立有意义学习的心向，在"已经掌握的知识"和"需要掌握的知识"之间架起一座沟通的桥梁。心理学家维果斯基认为，学生的发展水平可以分为"现有发展区"和"最近发展区"，前者评定学生已经达到的发展程度，而后者则是一种潜在的、可能的发展水平，是经过教师的启发指导和学生自己的努力所能够达到的发展水平，这是教学所应该努力追求的目标。教学只有以学生现有发展水平为基础，以"最近发展区"为定向，才能有效地促进学生的发展。

（三）师生互动

课堂上，学生是主体，教师起主导作用，充分调动学生学习的积极性和主动性，通过自身的活动来认识和接受新知识，提高数学能力。

实行"小教师"制度，是调动学生学习内在动力非常有效的手段，学生刚上高中，对学习是充满信心的，然而由于怕丢面子等心理因素的影响，慢慢地会出现不敢大胆发言，学习过程中"等结论"现象比较严重，学习的主动性逐步减弱。为此，我们在班上实行"小老师"制度，为同学们讲解数学问题，但首先说明：我们鼓励大家积极发表自己的意见，对出现的错误，其他同学不得嘲笑。

刚开始的时候，胆小的同学（特别是女生）还是不愿意主动上台，讲台成了几名好成绩同学的表演舞台。于是我们及时调整策略，首先是降低要求，讲的可以是难度较小的问题，其次，不一定讲数学问题，可以讲数学故事、趣闻等，而且要求原则上按照学号顺序，每节课前安排3-5分钟完成这件事。一学期下来，每名同学都在班上亮过相，尽管有些同学的讲解暴露出或多或少的问题，但在教师的"引导"下，每名同学都无一例外地赢得了教师和同学们的掌声，逐渐地，学生在学习数学中不再怕出现问题，相互讨论的现象随处可见。而且这个活动还大大拓展了学生的知识面，了解了许多以前不知道的数学问题的来龙去脉，让学生有了学习数学文化的意识，学习数学也不再感到枯燥了。

（四）心理疏导

课堂上（也包括课后），对同一个问题，不同的学生会有不同的反应，教师应该根据观察到的学生状况，及时调整教学方案，使教学目标能顺利实现。

（五）效果检查

一个班有几十名学生，程度肯定有差异，在检查学习效果的时候，教师应该有意识地合理设置问题坡度、分层递进，让各个层面的学生都能有所收获。

前期的理论研究和教学实践，使我们意识到，针对不同的班型、生源状况、知识结构，我们应该有不同的课堂操作方式，以适应不同层面学生的发展需求。如，理科重点班的学生，多数都是本年级学习上的佼佼者，他们一般学习态度端正，学习习惯良好，而且有吃苦耐劳的精神，即使出现懒散放松的时刻，也会在班集体良好的学习氛围感染下，迅速调整自己的学习状态，因此，教师在这里主要起着"导师"的作用，培养学生好的学习方法是主要任务。

第四节　有关教学方法的名言

1．培养教育人和种花木一样，首先要认识花木的特点，区别不同情况给以施肥、浇水和培养教育，这叫"因材施教"。

——陶行知

2．人像树木一样，要使他们尽量长上去，不能勉强都长得一样高，应当是：立脚点上求平等，于出头处谋自由。

——陶行知

3．我们要活的书，不要死的书；要真的书，不要假的书；要动的书，不要静的书；要用的书，不要读的书。总起来说，我们要以生活为中心的教学做指导，不要以文字为中心的教科书。

——陶行知

4．好的先生不是教书，不是教学生，乃是教学生学。

——陶行知

5．活的人才教育不是灌输知识，而是将开发文化宝库的钥匙，尽我们知道的交给学生。

——陶行知

6. 你的教鞭下有瓦特，你的冷眼里有牛顿，你的讥笑中有爱迪生。你别忙着把他们赶跑。你可不要等到坐火轮、点电灯、学微积分，才认识他们是你当年的小学生。

——陶行知

7. 教育中要防止两种不同的倾向：一种是将教与学的界限完全泯除，否定了教师主导作用的错误倾向；另一种是只管教，不问学生兴趣，不注重学生所提出问题的错误倾向。前一种倾向必然是无计划，随着生活打滚；后一种倾向必然把学生灌输成烤鸭。

——陶行知

8. 教育不能创造什么，但它能启发儿童创造力以从事于创造工作。

——陶行知

9. 我们发现了儿童有创造力，认识了儿童有创造力，就须进一步把儿童的创造力解放出来。

——陶行知

10. 中国教育之通病是教用脑的人不用手，不教用手的人用脑，所以一无所能。中国教育革命的对策是手脑联盟，结果是手与脑的力量都可以大到不可思议。

——陶行知

11. 要解放孩子的头脑、双手、脚、空间、时间，使他们充分得到自由的生活，从自由的生活中得到真正的教育。

——陶行知

12. 手脑双全，是创造教育的目的。中国教育革命的对策是使手脑联盟。

——陶行知

13．生活、工作、学习倘使都能自动，则教育之收效定能事半功倍。所以我们特别注意自动力之培养，使它关注于全部的生活工作学习之中。自动是自觉的行动，而不是自发的行动。自觉的行动，需要适当的培养而后可以实现。

——陶行知

14．集体生活是儿童之自我向社会化道路发展的重要推动力；为儿童心理正常发展的必需。一个不能获得这种正常发展的儿童，可能终其身只是一个悲剧。

——陶行知

15．把自己的私德健全起来，建筑起"人格长城"来。由私德的健全，而扩大公德的效用，来为集体谋利益……

——陶行知

16．先生不应该专教书，他的责任是教人做人；学生不应该专读书，他的责任是学习人生之道。

——陶行知

17．智仁勇三者是中国重要的精神遗产，过去它被认为"天下之达德"，今天依然不失为个人完满发展之重要指标。

——陶行知

18．在教师手里操着幼年人的命运，便操着民族和人类的命运。

——陶行知

19．因为道德是做人的根本。根本一坏，纵然使你有一些学问和本领，也无甚用处。

——陶行知

20．教师的职务是"千教万教，教人求真"；学生的职务是"学万学，学做真人"。

——陶行知

21．如果不去加强并发展儿童的个人自尊感，就不能形成他的道德面貌。……教育技巧的全部诀窍就在于抓住儿童的这种上进心，这种道德上的自勉。

——苏霍姆林斯基

22．不能把小孩子的精神世界变成单纯学习知识。如果我们力求使儿童的全部精神力量都专注到功课上去，他的生活就会变得不堪忍受。他不仅应该是一个学生，而且首先应该是一个有多方面兴趣、要求和愿望的人。

——苏霍姆林斯基

23．要使孩子们从小就懂得和领会到：他的每一步、每一个行动都会在他身边的人——同学、父母、教师和"陌生者"的精神生活引起反响。只有当他不给别人带来灾难，不欺负和扰乱别人时，才能成为一个生活得平静而又幸福的人。

——苏霍姆林斯基

24．劳动是有神奇力量的民间教育学，给我们开辟了教育智慧的新源泉。这种源泉是书本教育理论所不知道的。我们深信，只有通过有汗水，有老茧和疲乏人的劳动，人的心灵才会变得敏感、温柔。通过劳动，人才具有用心灵去认识周围世界的能力。

——苏霍姆林斯基

25．求知欲，好奇心——这是人的永恒的，不可改变的特性。哪里没有求知欲，哪里便没有学校。

——苏霍姆林斯基

26．教师常常忘记，品德首先是在人们相互交往中形成的。伟大的义务感，只有当它能在生活实践的每一步中得到生动体现时，才能成为人的行为准则。在培养未来的一代人时，我们应当首先在个人领域，即在青年人靠良心的驱使而产生并得到控制的相互关系领域里，培养最纯洁、最富有人道主义的情感。

——苏霍姆林斯基

27．从我手里经过的学生成千上万，奇怪的是，留给我印象最深的并不是无可挑剔的模范生，而是别具特点、与众不同的孩子。

——苏霍姆林斯基

28．世界上没有才能的人是没有的。问题在于教育者要去发现每一名学生的禀赋、兴趣、爱好和特长，为他们的表现和发展提供充分的条件和正确引导。

——苏霍姆林斯基

29．只有让学生不把全部时间都用在学习上，而留下许多自由支配的时间，他才能顺利地学习……（这）是教育过程的逻辑。

——苏霍姆林斯基

30．一位无任何特色的教师，他教育的学生不会有任何特色。

——苏霍姆林斯基

31．没有情感，道德就会变成枯燥无味的空话，只能培养出伪君子。

——苏霍姆林斯基

32．对父母和同志，对集体和社会，对人民和祖国的义务感，要像一根红线一样贯穿人的一生。不懂得什么是义务和缺乏义务感，就谈不上人的道德，也谈不上集体。

——苏霍姆林斯基

33．只有在有良心和羞耻心的良好基础上，人的心灵中才会产生良知。良心，就是无数次发展为体验、感受的知识，正是在它的影响下，必然会派生羞耻心、责任心和事业心。

——苏霍姆林斯基

34．不能把小孩子的精神世界变成单纯的学习知识。如果我们力求使儿童的全部精神力量都专注到功课上去，他的生活就会变得不堪忍受。他不仅应该是一名学生，而且首先应该是一名有多方面兴趣、要求和愿望的人。

——苏霍姆林斯基

35．爱人吧！对人的爱是你道德的核心！应当这样生活：让你的道德核心健康、纯洁、强大无比！做一个真正的人，这就是说要为你周围的人贡献出自己心灵的力量，让他们更美好，精神上更富有、更完美；让你生活中接触的每一个人从你那儿，从你的心灵深处得到一点最美好的东西。

——苏霍姆林斯基

36．只有心地善良的人才能易于接受道德的熏陶。谁要是没有受到过善良的教育，没有感受过与人为善的那种欢乐，谁就不能感觉到自己是真实而美好的事物的坚强勇敢的卫士，他就不可能成为集体的志同道合者。

——苏霍姆林斯基

37．我们教育工作者的任务就在于让每个儿童看到人的心灵美，珍惜爱护这种美，并用自己的行动使这种美达到应有的高度。

——苏霍姆林斯基

38．如果善良的情感没有在童年形成，那么无论什么时候你也培养不出这种感情来。因为人的这种真挚的感情的形成，是与最初接触的、最重要的真理的理解，以及对祖国的语言最细腻之处的体验和感受联系在一起的。

——苏霍姆林斯基

39．只有集体和教师首先看到学生优点的地方，学生才能产生上进心。

——苏霍姆林斯基

40．没有自我教育就没有真正的教育。这样一个信念在我们的教师集体的创造性劳动中起着重大的作用。

——苏霍姆林斯基

41．教育者的个性、思想信念及其精神生活的财富，是一种能激发每个受教育者检点自己、反省自己和控制自己的力量。

——苏霍姆林斯基

42．追求理想是一个人进行自我教育的最初的动力，而没有自我教育就不能想象会有完美的精神生活。我认为，教会学生自己教育自己，这是一种最高级的技巧和艺术。

——苏霍姆林斯基

43．任何人如果不能教育自己，也就不能教育别人。

——苏霍姆林斯基

44．自我教育需要有非常重要而强有力的促进因素——自尊心、自我尊重感、上进心。

——苏霍姆林斯基

45．如用几句话来表达家庭教育学的全部精华，那就是要使我们的孩子成为坚定的人，能严格要求自己。我在这里似乎有点夸张地说：若请他参加婚礼，即使那里所有的人都喝成醉鬼，他母亲相信自己的孩子会清醒地回家。

——苏霍姆林斯基

46．道德准则，只有当它们被学生自己追求、获得和亲身体验过的时候，只有当它们变成学生独立的个人信念的时候，才能真正成为学生的精神财富。

——苏霍姆林斯基

47．劳动的崇高道德意义还在于，一个人能在劳动的物质成果中体现他的智慧、技艺、对事业的无私热爱和把自己的经验传授给同志的志愿。

——苏霍姆林斯基

48．孩子提出的问题越多，那么他在童年早期认识周围的东西也就愈多，在学校中越聪明，眼睛愈明，记忆力愈敏锐。要培养自己孩子的智力，那你就得教给他思考。

——苏霍姆林斯基

49．人的内心里有一种根深蒂固的需要——总想感到自己是发现者、研究者、探寻者。在儿童的精神世界中，这种需求特别强烈。但如果不向这种需求提供养料，即不积极接触事实和现象，缺乏认识的乐趣，这种需求就会逐渐消失，求知兴趣也与之一道熄灭。

——苏霍姆林斯基

50．最有价值的知识是关于方法的知识。

——达尔文

51．教师之为教，不在全盘授予，而在相机诱导。

——叶圣陶

52．教是为了不需要教。……就是说咱们当教师的人要引导他们，使他们能够自己学，自己学一辈子，学到老。

——叶圣陶

53．问题不在于教他各种学问，而在于培养他爱好学问的兴趣，而且在这种兴趣充分增长起来的时候，教他以研究学问的方法。

——卢梭

54．学习任何知识的最佳途径是由自己去发现，因为这种发现理解最深，也最容易掌握其中的规律、性质和联系。

——波莉亚

55．情感和愿望是人类一切努力和创造背后的动力，不管呈现在我们面前的这种努力和创造外表上是多么高超。

——爱因斯坦

56．幸福与其说是用任何其他方法，不如说是用情感的这种敏感性来达到的。如果一个人具有了那种能力，他由趣味的愉快中所得到的幸福，要比由欲望的满足中所得到的幸福更大。他从一首诗、一段推理中获得的欢乐要比昂贵的奢侈生活所能提供的欢乐更大。

——休谟

57．一味地挖苦、贬低，会导致孩子的反抗，反对父母，反对学校，或者反对整个世界。

——布鲁姆

58．学习中经常取得成功可能会导致更大的学习兴趣，并改善学生作为学习的自我概念。

——布鲁姆

59．对所学知识内容的兴趣可能成为学习动机。

——赞科夫

60．当教师把每一名学生都理解为他是一个具有个人特点的、具有自己的志向、自己的智慧和性格结构的人的时候，这样的理解才能有助于教师去热爱儿童和尊重儿童。

——赞科夫

61．如果学校不能在课堂中给予学生更多成功的体验，他们就会以既在学校内也在学校外都完全拒绝学习而告终。

——林格伦

62．培养人就是培养他对前途的希望。

——马卡连柯

63．得不到别人的尊重的人，往往有最强烈的自尊心。

——马卡连柯

64．不应把纪律仅仅看成教育的手段。纪律是教育过程的结果，首先是学生集体表现在一切生活领域——生产、日常生活、学校、文化等领域中努力的结果。

——马卡连柯

65．在我们的社会中，劳动不仅是经济的范畴，而且是道德的范畴。劳动最大的益处还在于道德和精神上的发展。这种精神发展是由和谐的劳动产生的，它应当构成无产阶级社会公民区别于资产阶级社会公民的那种人的特质。

——马卡连柯

66．遵守纪律的风气的培养，只有领导者本身在这方面以身作则才能收到成效。

——马卡连柯

67．每当我们给个人一种影响的时候，而这影响必定同时应当是给予集体的一种影响。

——马卡连柯

68．即使是最好的儿童，如果生活在组织不好的集体里，也会很快变成一群小野兽。

——马卡连柯

69．人类本质中最殷切的需求是渴望被肯定。

——威廉·詹姆士

70．学校没有纪律便如磨坊里没有水。

——夸美纽斯

71．抽打自己的鞭子要掌握在自己的手里，在漫长的人生道路的每一步上，都要经常鞭策自警，万不可以为有过一两次抽打就可以沿途平安了。"自新应似长江水，日夜奔流无歇时。"

——魏书生

72．教师不替学生说学生自己能说的话，不替学生做学生自己能做的事，学生能讲明白的知识尽可能让学生讲。

——魏书生

73．生命短促，只有美德能将它留传到辽远的后世。

——莎士比亚

74．儿童需要管教和指导，这是真的，但是如果他们无时无刻和处处事事都在管教和指导之下，是不大可能学会自制和自我指导的。

——林格伦

75．劳动受人推崇。为社会服务是很受人赞赏的道德理想。

——杜威

76．劳动一日，可得一夜的安眠；勤劳一生，可得幸福的长眠。

——达·芬奇

77．勤工俭学的意义还在于它能够培养和发挥青年的创造性和才能。如果我们给青年安排一条轻便的道路，他们只须饭来张嘴，上课就念书，什么也不管，这样我们就会害了青年，会使聪明人也变成傻瓜。

——徐特立

78．一分耕耘，一分收获，要收获得好，必须耕耘得好。

——徐特立

79．不是自满，独立不是孤独。

——徐特立

80．当劳动是种快乐时，生活是美的；当劳动是一种责任时，生活就是奴役。

——高尔基

81．劳动可以使我们摆脱三大灾祸：寂寞、恶习、贫困。

——歌德

82．未来将属于两种人：思想的人和劳动的人。实际上这两种人是一种人，因为思想也是劳动。

——雨果

83．为了在教学上取得预想的结果，单是指导学生的脑力活动是不够的，还必须在他身上树立起掌握知识的志向，即创造学习的诱因。

——赞科夫

84．教之而不受，虽强告之无益。譬之以水投石，必不纳也，今夫石田虽水润沃，其干可立待者，以其不纳故也。

——张载

85．教育中应该尽量鼓励个人发展的过程。应该引导儿童自己进行探讨，自己去推论。给他们讲的应该尽量少些，而引导他们去发现的应该尽量多些。

——斯宾塞

86．硬塞知识的办法经常引起人对书籍的厌恶；这样就无法使人得到合理的教育所培养的那种自学能力，反而会使这种能力不断地退步。

——斯宾塞

87．想象力比知识更重要，因为知识是有限的，而想象力概括着世界的一切，推动着进步，并且是知识进化的源泉。严格地说，想象力是科学研究的实在因素。

——爱因斯坦

88．提出一个问题往往比解决一个更重要。因为解决问题也许仅是一个数学上或实验上的技能而已，而提出新的问题，却需要有创造性的想象力，而且标志着科学的真正进步。

——爱因斯坦

89．中国留学生学习成绩往往比一起学习的美国学生好得多，然而十年以后，科研成果却比人家少得多，原因就在于美国学生思维活跃，动手能力和创造精神强。

——杨振宁

90．知道事物应该是什么样，说明你是聪明的人；知道事物实际是什么样，说明你是有经验的人；知道怎样使事物变得更好，说明你是有才能的人。

——狄德罗

91．精神的浩瀚，想象的活跃，心灵的勤奋，就是天才。

——狄德罗

92．播种行为，可以收获习惯；播种习惯，可以收获性格；播种性格，可以收获命运。

——萨克雷

93．一生的生活是否幸福、平安、吉祥，则要看他的处世为人是否道德无亏，能否做社会的表率。因此，修身的教育，也成为他的学校工作的主要部分。

——裴斯泰洛齐

94．如果良好的习惯是一种道德资本，那么，在同样的程度上，坏习惯就是道德上的无法偿清的债务了。

——乌申斯基

95．习惯真是一种顽强而巨大的力量，它可以主宰人的一生，因此，人从幼年起就应该通过教育培养一种良好的习惯。

——培根

第四章

因材施教策略
在各科中的应用

第一节　文科教学的因材施教策略

一、语文教学因材施教法

教师在实际教学中，应针对每一名学生的实际情况，因材施教，充分张扬师生的个性，创造出有鲜明的个性色彩的充满生机活力的课堂氛围，让每一名学生的个性充分发展，培养出丰富多彩的鲜活人格。

学生阶段是一个人性格塑造、人格发展的重要时期。"语文是人类文化的重要组成部分。语文课程丰富的人文内涵对学生精神领域的影响是深远的，语文课程可使学生逐步形成良好的个性和健全的人格，促进学生德、智、体、美的和谐发展。"学生通过语文课程的学习所形成的语文素养既是学生学好其他课程的基础，也是学生全面发展和终身发展的基础，所以，在语文教学的实际工作中，倡导个性化的教学具有重要的意义。

（一）个性化教学的实质

个性化教学的实质就是"以人为本"，尊重人的思想、情感、体验和感悟。所谓的个性化教学是指以"个性化的教学内容"为中介，师生双方具有的个性化的教和学的共同活动。具体地说，就是在实际教学工作中，落实"以人为本"的现代理念，遵从学生个性发展的宗旨，选择个性化的教学中介，通过教师具有个性化的教学组织和引导，注重因材施教和学生的自主学习，从而使学生个性化的学与教师个性化的教融为一体。在此过程中，教师充分尊重了学生的选择与思考、情感与体验，使学生的个性得到充分的肯定和鼓励。换言之，语文的个性化教学就是在语文的实际教学中，通过教师的努力，在师生对话、学生与文本（作者）

对话、生生对话等系列过程中，为学生搭建一个平等的对话平台，让他们的个性有一个自主、健康的发展空间，从而避免以往的"考试得高分的乖学生、乖孩子缺少主见、缺少创新能力，结果社会不认可"的现象。

（二）个性化教学的渊源

中国的教育史至今已有两千多年，从教育实质上讲，这两千多年的教育史可说是一部语文教育史。在这两千多年的历史中，"尊重个性、张扬个性、发展个性"一直是其中的重要旋律，使得我国两千多年的语文教学一直以来都生机勃勃。

从春秋时期的一代宗师、圣人孔子开始，到南北朝的"二陆"，宋代的苏轼、朱熹，明代的王阳明、顾炎武等，再到近代的蔡元培，现代的叶圣陶，当代的钱梦龙等，无一不是充分尊重学生的个性，注重人的个性发展，在实际教学中具有鲜明的个性色彩，从而走上语文的大舞台的。如孔子与学生冉有、公西华、曾皙、子路等人一起探讨人生理想时的做法，就是充分肯定学生的不同，尊重各人不同的选择；孔子所提倡的"因材施教"更是这种人性化的体现。

下面为一位中等职业学校语文教师因材施教的例子：

一定年龄阶段的学生在生理和心理的发展上有一定的共同特征，他们的社会生活经验和知识积累也基本相同，这是学生的共性。正因为同年龄阶段的学生存在共性，才为课堂集体教学提供了一种可能。这种课堂班级授课制在发挥教师的主导作用和提高课堂效率方面，特别是在传授知识方面有很大的优势。但是，不同学生的生理条件、受环境的影响、受教育的具体情况也不相同。同一年龄阶段的学生又有个性特点和个别差异，即他们的知识、能力、兴趣、情感、爱好、意志、性格等各有特点，这是学生的个性。

课堂集体教学很难解决学生个性差异的问题，因此就需要在集体教学的同时，照顾学生的个体差异，就是既要根据共同特点进行集体教学，又要针对个别差异因材施教，最大限度地调动教师的教和学生的学的积极性。

众所周知，中等职业学校的学生来源复杂，个性鲜明，层次分明，更需要教师进行因材施教。但这一教学原则在语文教学中常常被教师所忽视，其原因在于语文教学以课堂教学为主要形式，而课堂教学中针对共同的问题进行教学很有效。而中职生学习语文程度的差异很大，发展也不平衡。这就需要教师们贯彻因材施教的教学原则，保质保量地完成教学任务，使学生都能掌握知识，提高能力、陶冶情操。在中职语文教学中，为贯彻因材施教的教学原则，我做了以下尝试：

1．从教材的实际出发施教

教师要理清教材的知识"序列"，抓住教材的内在联系和特色，使知识系统化，自觉加强教学的科学性，认真把各个名篇教材的特色、个性及精妙之处理出来，然后以一定的形式表述，使之成为学生喜闻乐见、易于接受的知识。

2．从学生的实际出发施教

教师要把课堂教学的着眼点放在学生的实际水平上，放在传授基础知识、培养和训练学生的自学能力和思维能力这一根本目标上，力求做到以下几点：讲课有针对性，使学习程度差的能接受、理解，使学习程度好也能有所受益，特别要注意突出对不同学生的不同要求，这一点在课堂练习中表现最为明显。课堂练习最宜于也最便于因材施教。而练习在学习中又是重要的一环，它能在温故而知新、培养能力、发展智力等诸多方面起到促进作用。因此，在布置语文练习时，一定要按照因材施教的原则，做到既有共同的基本要求又有针对不同学生的不同要求。一般地说，难度较高的练习不作统一要求，不要求全体学生都做，可由学生自由选择，或者指定某些人做。这样既满足了程度较高的学生的要求，又不会对成绩一般的学生造成压力。正因为没有压力，不少学生反而会争取向难处进军，也愿意一道做。

3．注意把握学生的生理、心理特点

中职生是一群正处于青春期的学生，他们好奇心强，好胜心强，乐于接受新事物，耐不住寂寞，喜欢活动，有独立的思维，逆反心理较强。根据这些特点，语文教师在课堂教学中，首先要把课上得富有情趣。苏霍姆林斯基说过："课上得有趣，学生就可以带着一种高涨的、激动的情绪学习和思考，对面前展示的真理感到惊奇甚至震惊。"这里需要注意的是，教学的"情趣"是庄严的事情，决不能为了追求所谓的"情趣"就在庄严的课堂之上乱打趣，搞一些低级趣味的东西。其次，要精讲多练，多给学生动脑子动手练习的机会。

4．开展课外活动，把课内课外结合起来

可以说，课外活动是因材施教的最佳形式。课外活动应面向全体学生，包括所谓的学习尖子和一般学生。教师要善于发现学生的学习兴趣、爱好和特长，引导并组织他们参加多种多样的小组和个体活动，在各种活动中充分展现他们的智慧和才能。

5．构建师生平等对话空间，让学生做真正的课堂主人

语文教学中，教与学始终是师生的互动活动。教师是平等中的首席，那么教学的受众——学生，应该与之处在同等的位置。一旦这个"天平"失衡，教师的教与学生的学就达不到预期的效果，因材施教就成了一句空话。课堂上，语文教师放下了居高临下、师道尊严的师长架子，那么也就打破了照本宣科的传统教学模式。

有了平等的、民主的对话机制，师生互动、生生互动，因材施教就能在民主的、和谐的气氛中进行。

6．建立激励评价机制，为学生赢取自我展现的自信心

教师在语文教学活动中有双重身份，既是"教练员"又是"裁判员"，除了做好一位传授语文知识的"教练员"外，在学生眼中更应是执法公正的"裁判员"。教师所做的整体评价和个体评价会引导学生抱着积极的情感态度学习语文。一个带着情感学习语文的学生，会比缺乏热情、乐趣或兴趣的学生或者比那些对语文学习感到恐惧、焦虑的学生，学得更加轻松而富有成效。语文教师应该成为课堂中的人际关系艺术家、社会心理学家、教育心理学家，教师不单单是知识的传授者，也是学生行为的催化剂。因此，教师不应把评价作为惩罚学生的手段，而应把评价作为激励学生进一步学习的手段。美国当代心理学家巴特勒说过："多鼓励能增强动机，而强调失败则阻碍动机。"作为强化作用，赏识激励的评价效果永远超过惩罚，这是教师须臾不可忘记的。中职生的身心特点对学习动机的产生多少有阻碍和干扰的副作用，教师要通过激励评价的运用保护中职生的自我展现欲望，尤其是要关注和激励后进生，后进生能参与到教学中是贯彻因材施教的关键所在。

二、英语教学因材施教法

（一）了解学情，分类推进

教师可以把上一学期的成绩作为参考，但进行一次小测验是很有必要的。测验的范围是初一、初二所学过的主要内容。教师如不了解学生的现状，所教的知识与学生所掌握的知识是不可能连贯的，那么他们就很难学好这一学科。只有掌握了每个学生的现状、特点，因人而异、因材施教，既抓共性又抓个性，才能达

到共同提高的目的。有许多学生认为他们与英语无缘，再学也学不会。对这样的学生，教师应该注意保护他们的积极性。唤起他们奋进的办法是要坚持"两多"：多鼓励，多辅导。成绩差的学生往往接受表扬的机会少，有一种自卑感。所以只要这些学生学习上有一点进步，教师就及时给予表扬。课堂上尽量让他们回答一些比较容易的问题。答对了给予鼓励，答错了给予纠正，让他们再考虑一下，重复一遍正确的答案。这样既能让他们上课集中注意力又能调动他们的积极性。让他们跳一跳就能摘到"果子"，并给他们多跳、多摘果子的机会。其次要多辅导。对于成绩差的学生有的难题在课堂上讲一遍是不够的，课后必须多加辅导，有的放矢、对症下药。对于 60-70 分的学生来说，他们对知识之间的内在联系把握得不好，不善于总结、归纳，学习中比较马虎。于是在课堂上要经常让他们归纳、总结所学知识，使其所学的知识形成一个完整的体系。而对那些 70 分以上的学生就要多提问一些难题，培养他们举一反三和解决各种问题的能力，让他们懂得学无止境的道理。

（二）改进教法，提高教学效果

九年义务教育三年制初级中学英语教科书中，每一单元的第二课都是一篇阅读课文，它是进行语言知识教学和训练听、说、读、写能力的综合材料，是各种语法现象的集合，并包括许多单词、短语的习惯用法。学好课文是提高英语成绩的关键所在。在教学中可以根据学生的特点：精力充沛、爱动脑筋、思维敏捷、有一定的联想能力、求知欲强等，采取对知识纵横对比的方法，概括、归纳已学单词、短语、句型的异同之处和相互关系，找出规律性的东西。注意引导学生发散思维，采取各种方法让学生的思维活跃起来，让他们掌握的知识更具有多向性、多变性。

（三）重视结构教学，提高教学质量

针对英语交际性的特点，让学生在"说"中"学"，"学"中"说"，可直接激发学生英语学习的兴趣。但课堂上所创设的环境往往不能满足学生掌握运用英语的需要，而课外的语言环境的缺乏，使课堂内掌握的语言"无用武之地"，久而久之就会产生遗忘。此外，课堂内所创设的情景在一定的程度上限制了课堂信息容量。而结构教学恰好弥补了它的不足，易于加大课堂教学信息量，开发学生智力，提高他们的理解和表达英语句子的能力，还可以活跃课堂气氛，提高学习效率。英语的结构教学方法有下列几种：

1．分解组合法

将一个意义完整的句子分解成不同的"部件"，打乱其顺序，组织学生重新组合原句。把几个单词分别写在纸片上，组织学生比赛组装原句。这种方法简单有趣，有利于调动他们的积极性，提高理解句子结构和记忆句子的能力，从而增强课堂的活力。

2．替换法

将原句中的某"词汇单位"或"意群单位"用一个功能结构相同的成分替换，从而组成一个新的结构相同的句子。这种方法可在短时间内充分展开口头训练，开发学生的智力，调动他们思考和表达的积极性，扩大词汇量，掌握句子结构、时态等用法。

3．加减法

对于一个句子的"枝叶"进行加减，留下句子的"主干""添加枝叶"，从而了解句子"枝叶"与"主干"之间的结构关系，更好地掌握句子的五种基本结构和定、壮、同位语的正确用法。

4．句式互换法

让学生把陈述句与疑问句进行转换，肯定句与否定句进行转换，主动句与被动句进行转换，感叹句中 what 与 how 进行转换等。

这种方法可提高学生对句子结构的综合理解力和表达能力。

这几种教学使学生学习英语的兴趣更浓，再也不会认为学习英语是枯燥无味的，化被动为主动，使他们的英语成绩不断提高，从而达到较好的教学效果。

三、政治因材施教法

目前，中学政治课所面临的突出问题之一就是受重视程度不高，学生缺乏学习热情。这对培养中学生树立正确的人生观以及运用正确的政治理论去观察社会是极为不利的。纵观中学政治课的教学现状，教学方法的简单化、程序化是影响学生学习政治课热情的一个重要方面。

（一）因材施教是调动学生学习政治课热情的催化剂

中学生知识面宽，涉猎范围广，思想活跃，聪明好动，但情绪不稳定，具有不同程度的自以为是等特点，因而传统的"填鸭式"教学及行政管理式的促学方式均难被接受。在教学实践中，我感到每个中学生都有较强的自我存在意识，渴求得到教师的关注以达到心理上的满足，从而从喜欢教师到喜欢该教师所授之课。因此，掌握学生的特点，进行因材施教，就显得更为重要。

这就需要教师抓住课堂及课后时间，对所有学生的特点一一掌握在心，使学生感到教师对他的熟悉程度几同父母，从而缩短师生间的距离，然后循循善诱，使其逐渐产生学习的冲动和兴趣。

（二）因材施教是符合学生身心发展规律的有效教学手段

中学生刚刚跨过儿童幼稚期，其生理、心理都发生着一系列的变化。此时的中学生既没有形成青年的完全独立性，又正在摆脱儿童时期的完全依赖性，处在渴求独立而又不能完全摆脱依赖的时期，产生着独立性和依赖性互相交织的矛盾，这种矛盾在学习中的反映是不懂装懂、有不明白的问题不愿向老师请教，怕丢面子但内心又希望问题得到解决等情形。针对这种心理特点，在教学中采用因材施教是一种有效的方法。因为因材施教的教学法能结合每个学生的心理素质、智力发育状况进行灵活多样、丰富多彩的教学，能通过教师有目的的工作，重视到学生自我意识的存在，使学生学习的独立性即自觉性有较大程度的提高，从而将传统的被动教学变为主动教学。

根据学生的心理特点和学习效果，学生可分为三种类型：

1．专一求知型

这类学生，思想稳定，心理素质好，有较强的辨别是非的能力，自己的行为不易受其他事物所左右，具有对知识专一渴求的欲望。对这类学生，要注意保护他们的学习热情，调动他们的积极性，着重培养他们分析问题和解决问题的能力、理论联系实际的能力，以达到学用结合的目的。

2．一知半解型

这类学生思想活跃、反应快、接受力强，同时心理状态又不稳定，爱好容易转移。对他们教师既要肯定和保护其爱好兴趣，又要设法使他们在弄懂一个问题后再学另一个新问题，培养他们良好的学习习惯和方法，使自身的智力条件和正确的学习方法相结合，从而克服粗枝大叶、不求甚解和一知半解的缺点。

3．不求上进型

这类学生又分两种情况：一种为基础差，底子薄，跟不上课程。对他们，教学中要适当给吃"偏心饭"，逐渐树立他们的学习信心。另一种是对政治课认识错误，认为学了也没用，纪律性差。对这些学生就要以树立正确的学习态度为先导，从思想上解决厌学、弃学、不学等错误认识，逐步树立学习光荣，不学习可耻的观念，增强其学好政治课的信心。

（三）因材施教是教书育人的重要形式

思想政治课本身就集智育和德育两种功能于一体，通过教学，既要使学生增加相应的知识，又要使学生学会应用这些知识来观察社会，形成正确的人生观，从而培养有理想、有道德、有文化、有纪律的社会主义新人。而要使学生正确思考社会和人生的各种问题，就须有正确理论的指导。这就要充分运用思想政治课所讲授的马列主义、毛泽东思想的基本理论和观点，通过因材施教的方法，利用学生们不同的特点，引导学生在实践中去思考、掌握这些理论观点和方法，并引导学生把人生观与日常活动联系起来，使理论的学习和实际的行动有机地结合在一起，从而真正为社会培养出懂理论、重实践、有革命人生观的新一代人才来。

第二节　理科教学的因材施教策略

一、数学因材施教法

就一节数学课而言，在教学准备阶段，不管是新授课还是习题课，教师应先充分了解学生的知识基础和数学认知能力，分析学生，研究学生，把学生大致分成几个不同的层次，并要恰当把握。具体操作过程中尽量减少由于分层对学生造成的心理负担。所以，我们提出"隐形分层法"，即对学生分层的具体情况教师要做到心中有数。另外，针对某一节课，分层又具有相对的稳定性，可在教学过程当中适时调整。分层教学的实质不是"分学生"而是"分问题"。教师应根据教学大纲的要求和学生的差异，将教学目标进行分解，确定不同知识点的能力要求，设置由浅到深，由低到高，由易到难，低起点、多层次的问题，制订相应的层次教学方案。选择题目时，教师应充分了解哪些题容易出错，哪些题比较典型，哪些题属于一题多解，哪些题综合性较强，反复推敲，在体现数学基础知识、突出通性通法的前提下，力求使每道题都具有代表性、实用性和层次性。如果是新授课，教师可以在课前为学生提供先行组织者和适量问题帮助学生自主预习。如果是复习课或习题课，可以设计如"再现型""巩固型"和"提高型"等具有层次性的习题组来训练。

在教学过程当中，教师应努力营造和谐的教学环境，采用多样化的教学方法和学习指导策略，就教学内容设计出富有趣味性、探索性和开放性的情境性问题，遵循循序渐进、量力而行的原则，对不同层次的学生以层层递进的方式提出不同的要求。通过精心设置支架，有效地调动各层次学生主动参与教学活动，使其学习的内部动机逐步升华为学习兴趣，认识到数学知识的价值，巧妙地使教学置于各层次学生的"最近发展区"中。在这个过程当中，教师应适当引导学生主动地从事观察、猜想、验证、推理与合作交流等数学活动，鼓励学生发表自己的看法，提出问题，共同探索，促进学生创新思维的发展。教师还应充分利用自己的教学经验对课堂上随时出现的信息做灵活处理，适时动态评价，这样不仅可以发挥激励的导向作用，增强学生（尤其是差生）的自我效能感，充分激发学生的学习潜能，还可以及时调整对学生的分层不当的情况。

教学方式不求"齐步走"，因此教师在指导学生时，应着眼于本班学生的实际情况，着眼于教材内容，对不同层次的学生施以不同的指导方法，因材施导。由于在学习过程中，学生现有的学习水平、接受能力参差不齐，如果让每名同学都达到大纲中规定的要求，所需要的时间有所不同。教师在教学方法上更应灵活多变。根据差异采用不同的教学方法，才能达到预期的效果。例如在教学"四则混合运算"时，根据情境图列出综合算式，根据学生水平的不同，可将同一个问题设计成不同梯度的问题，然后让三组分别进行练习和思考。以"$12 \times 3 + 15 \times 4$"为例，可按以下步骤教学：

基础组：

（1）分步计算出和是多少。

（2）课本上的例题是怎样计算的？你能看懂吗？

（3）四则混合运算的顺序是什么？

普通组：

（1）按运算顺序标出各步的序码，并计算出结果。

（2）与课本上的例题对照，计算步骤、结果是否相同？如有误请订正。

（3）四则混合运算的顺序是什么？

提高组：

（1）计算出结果。

（2）自学课本上的例题，自行小结。

（3）你能将算式用文字题的叙述形式表达出来吗？请试一试。

对差生而言，教师只需要让他们说说运算顺序就行了，没有大量反复的习题进行练习，对他们而言，要列出一个综合算式是非常困难的，课后可采取面对面交流，逐步让他们打牢基础。但课堂上让他们优先发言，而后让成绩中、上等学生回答，教师及时总结，矫正，尽量为全班学生创造施展才能和表现自己的机会，使大家都能看到自己的学习成果，并在各自原有的水平上得以提高和发展。在教学过程当中，教师应努力营造和谐的教学环境，采用多样化的教学方法和学习指导策略，对不同层次的学生以层层递进的方式提出不同的要求，通过精心设置支架，有效地调动各层次学生主动参与教学活动，把学习数学变为一种动力，真正认识到数学知识的价值。

教与学是分不开的。教师要做到位，离不开学生的配合。首先教学中只有以学生为主体，根据学生的差异，制订出切实可行的教学设计，加以多元化的教学，使不同程度的学生都能够主动学习，才能提高教学质量；其次也只有遵循教育教学规律，正确处理面向全体与因材施教的关系，才能把素质教育提升到重要的位置。总之，为了提高班级的整体教育教学质量，为了更好地实施素质教育，在数学教学中，既要面向全体，又要注重因材施教，让每个学生的思维都能够"活"起来，使每个学生都能得到不同的发展。

二、物理因材施教法

在物理教学中，教学方法主要体现为如下三种：

（一）观察法

在教师的启发指导下，学生通过眼看、耳闻、鼻嗅、舌尝、手摸，有目的地了解有关物理现象，然后通过思考，获得正确结论。这种教学方法，叫观察教学法，简称观察法。应该指出，这里所指的观察，是广义的观察。

观察法的模式是：

1. 创设情景，提出问题；

2. 明确观察的内容；

3. 观察和记录；

4. 分析观察结果，得出正确结论。

观察法的特点是：观察对象直观鲜明，能激发学习兴趣。从观察获得的感性材料，需要经过思维加工，才能形成概念、规律。这种方法有利于培养观察能力和形象思维能力。

（二）实验法

实验教学法是在教师的组织和指导下，学生动手操作实验仪器，取得实验数据，通过验证和探索，获得科学结论的教学方法。从广义来说，实验除学生分组实验外，还包括课外科技活动、科技小制作等。

实验法的模式是：1. 提出实验目的，明确实验原理；2. 选择实验仪器，掌握仪器使用方法；3. 设计实验方案，了解实验步骤；4. 进行实验操作，记录实验数据；5. 分析实验数据，得出正确结论。

实验法的特点是：学生亲自动手操作，获得的感性材料丰富、深刻，手脑并用，有利于培养动手能力和探索能力，还能培养学生严谨、求实的科学态度。

根据物理学科的特点和实验教学法的优点，除了学生应做的实验外，教师可创造条件，把原来的演示实验改为学生实验，边讲边实验，这样可以取得更好的教学效果。

（三）讲授法

讲授法的模式是设疑—释疑—解疑，即提出问题—分析问题—解决问题。

讲授法的最大特点是信息量大、教学效率高，适用范围广。物理教学的各种形式及各种方法，都必须辅以讲授法，使其相互配合。

讲授法的另一特点是：教师以运用口头语言为手段，去完成教学任务。因此，教师应提高自己的语言修养和表达能力，力求语言富有说服力和感染力，把抽象的物理概念讲得生动形象，把深奥的物理规律讲得通俗易懂。

第三节 艺术教学的因材施教策略

一、音乐因材施教法

随着社会的发展，学生的个性教育发展受到普遍关注，由于学生的差异，这就要求教师在教学过程中，必须遵循"以人为本、因材施教"的原则，在相同中找不同，注重学生个性发展。每一个学生都有权利以自己的兴趣和爱好及独特的方式学习音乐，并从中享受音乐的乐趣，都有同等的权利参与各种音乐学习活动并表达个人的情智。

（一）注重学生个性发展的内涵及策略

1．注重学生个性发展的内涵

（1）学生个性思维的发展

教育面对的是一个个具有独特个性的学生，教育应促进每一名学生的个性发展。在音乐教育中，注重学生的个性发展更具有特殊的意义。音乐是体验性的学科，只有学生主动参与和自主体验才能感受学习的快乐并积累学习的成果。音乐教育的方式，最利于学生情感的抒发和个性的张扬，良好的音乐教学课堂应是学生个性解放、情感交融、想象力与创造力驰骋的场所。

（2）学生音乐兴趣爱好的发掘

在音乐教学中，老师要以自己对音乐、对音乐教育、对学生的真情来感染学生，从而诱导学生喜爱音乐，乃至终生离不开音乐。老师要以自己对音乐作品深入的理解和动情的表现来激发学生的情感，并使他们产生强烈的共鸣，进而体验音乐中的美感。我们要用一些特别的方式来吸引学生，使他们对音乐有感觉。如果学生能对音乐表现出强烈的兴趣与爱好，并能在音乐实践活动中享受到美的愉悦，那我们及时地发现他们的亮点，鼓励他们，用表扬的话语来激励他们，使他们对音乐喜爱，这样，也培养了他们的兴趣。

（3）学生音乐特长的培养

音乐课应该放开学生的思维，让他们自己找到音乐的乐趣。让所有的学生能主动地、热情地接受音乐教育，以达到享受音乐、感悟音乐和创造音乐的教学目标。但是学生能力发展水平不平衡，针对这种情况，我们就可以重点培养一些音乐特长生。利用特长的资源，可以兼顾不同层次的学生，让每个学生能够在原有的水平基础上提高，使学生个体的音乐能力不同程度地得到持续性的发展。因为这些音乐特长的学生正是课堂教学中的活跃者，他们对音乐浓厚的兴趣和爱好，使他们极其渴望自己能成为课堂教学的中心和主体。而教师还可以利用特长，引导其他学生参与课堂教学实践，充分发挥学生的主体性，同时利用特长资源能极大地增强学生的学习兴趣，使学生真正成为感受、表现、创造音乐的主角。

2．注重学生个性发展的策略

（1）建立平等的师生关系

教师要让学生真正成为课堂学习的主体，放下"师道尊严"的权威架子，"蹲下来和学生做朋友"，使学生能无所顾忌、畅所欲言，与教师共同体验、发现、创造、表现和享受音乐美。

①师生平等，共同参与教学活动

这就要求教师转变观念，重新定位自己的角色，从独裁者的位子走下来，走到学生当中去，营造轻松、愉悦、民主的氛围，在师生、生生之间的平等对话和共同参与中走进教学活动。并且，要不断提高自身的素质，做到善于思考，敢于创新。于是，师生之间建立起平等和谐的关系，课堂气氛变得更活跃了，并为学生学习创造了最佳的环境；也能使教师的教学达到意想不到的效果；更为学生提供了个性的发展的可能和空间。

②真诚赏识，激发学生学习主动性

教师若在教学中关注每一个学生在学习过程中的每一个表现，就会发现学生思维的闪光点，而且要善待学生的意见，千万不能打击学生思考的积极性，鼓励学生思考与发表不同的意见。教师的赏识能让每一个学生的个性获得充分发展，同时充分体现"以人为本，以学生为主体"的素质教育。首先要关注学生，给予学生爱心鼓励；其次真诚关怀，帮助学生树立信心。

（2）面向全体学生，注重学生个性发展的教学意识

在教学中要面向全体学生，尊重学生的个体差异，并且对不同的个性要采取适宜的方式去引导与培养，进行因材施教，选择不同的教学内容、教学方法和教学手段，使学生的个性能向更加成熟、完整的方向发展。

①面向全体学生，确立学生主体地位

学生是学习和发展的主体，在教学中要使每一名学生都能获得学习的快乐，享受成功的喜悦。教师应认识到每个学生都是一个鲜活的个体，每个学生都是一幅精彩的画卷，要让每个学生的个性解放、情感交融、想象力和创造力充分发挥。我们要仔细分析学生的具体情况，以教学内容作为载体，备课的重点要备学生，精心设计教学程序，确立学生在学习中的主体地位。

②面对个体差异，尊重个性思维差异

个性反映了人与人之间稳定特征上的差异性。学生在现代教育中，要求我们必须了解每一个学生，尊重每一个学生，发展每一个学生的特长，使他们成为有个性、有创造性的人。教师要善

于尊重学生思维的差异，评价也要以鼓励、褒义性质为主。在教学中要善于捕捉学生的长处、兴趣和爱好。对于能力弱的学生，教师不能放任自流，而应给予他们更多的关怀，创造有利条件使学生满足各自的需要，开发其潜能。让每个学生都有参与表现的机会，从而增强其学习的信心，产生愉悦感。

（3）重视音乐实践，发掘和鼓励学生个性发展

只有在民主宽松的学习环境和轻松愉悦的学习氛围中，学生的创造性思维才能得到充分的发展，音乐创造教学才能真正达到培养学生创新精神和实践能力的目的。而对个性发展的理解，培养创新精神和实践能力是个性发展的重点，因此，在教学中要重视音乐实践，鼓励学生音乐创造。

①愉快教学，创设轻松愉悦的学习氛围

在孩子们眼中，音乐老师是"愉快"的代名词，是他们的"快乐天使"。所以，我们必须用良好的行为营造一种自由宽松的、能使学生心灵感化的环境和氛围。如在《幸福拍手歌》的表演唱中，让学生编唱新的歌词，并在原定拍手处做自己喜欢的动作。有的同学做得非常好，这时，应充分肯定学生富有个性的动作表演，这样就给学生营造了一个民主宽松学习氛围，使他们敢于表现。在这样轻松愉快的环境中，学生创新能力得到了提高，个性思维也得到了充分发展。

②创造实践，促成学生个性充分发展

音乐创造是一个学生不断积累音乐经验主动参与音乐实践的过程，我们要注意培养学生探索音乐的精神，在各个环节中贯彻、渗透想象力与创造能力的培养，以即兴活动的形式给学生机会进行创造性的探索，在实践中激发他们的创造欲望，鼓励学生发表不同意见，加强对学生求异思维的培养。

（二）注重个性发展与因材施教的有机结合

1．因势利导，扬长避短

音乐是通过一系列有组织的乐音来塑造形象、反映现实生活、表达思想感情的一门表演艺术。学生热爱音乐，具有极强的表现欲望，希望通过各种方式将自己对于艺术内涵的理解表现出来，得到公众的关注和认可。但他们在生活中，有自由散漫的现象，学习中对音乐知识重视不够。针对这种情况，要因势利导，在教学过程中加强艺术实践活动，让他们在艺术实践活动中表现自我，实现自我，锻炼自我，加强纪律观念，发现自己的不足然后奋发学习，增长才干。

2．实事求是，尊重个性

长期以来，教育者往往习惯于将主课的教育方法简单地移植到这一特殊的专业，未能贯彻实事求是的原则，其结果是收效甚微，事倍功半。对这些学生的教育，不能照搬照套旧的模式。在音乐课堂上的学生一般均有鲜明的个性，他们能淋漓尽致地表现自己的特色，但在其他教师的眼里看来可能不顺眼。这些个性特点，只要其不违背日常的行为规范，都不应当加以压制。要正确引导他们处理好个性发展与全面素质培养的关系，做到相互兼顾，相辅相成，相得益彰。

3．个性发展与因材施教结合完善

"以人为本"是教育应遵循的理念，在尊重音乐课堂上学生的主体地位时更要尊重他们的特点和规律、兴趣、爱好，对于教育的内容、专业、方式、途径、手段等方面的自由选择，做到因材施教。在音乐课堂上，学生的自我意识强烈，自我评价较高，努力追求个性，渴望获得成功。他们非常关注评价，特别是教师和家长的评价。他们或歌，或舞，或奏，各有所长。在对这种层次不一的教育对象实施教育时，就要充分了解被教育对象的具体情况，掌握其长处和不足，根据其个人性格特点和爱好，制定好个体发展的中长期目标和规划。尊重学生的个性特点和创造力，平等地对待学生。多些激励和表扬，少些批评，以灵活性代替统一性，不断寻求音乐课堂上的新起点，运用适当的载体形式，加强教学工作的针对性，使其得到完善。

注重个性发展是教育发展的必然趋势，是适应新世纪人才培养的重要教育理念。注重个性发展必须贯彻因材施教的教学原则，只有因材施教才能使学生的兴趣和爱好得以全面激发，才能使学生的潜在能力得以有效挖掘。

二、体育因材施教法

因材施教的意思是指教师要从学生的实际情况、个别差异出发，有的放矢地进行有差别的教学，使每个学生都能扬长避短，获得最佳发展。

其实因材施教是一种教学模式，也是一种教学方法，教师从学生的实际出发，使教学的深度、广度、进度适合学生的知识水平和接受能力，同时考虑学生的个性特点和个性差异，使每个人的才能品行都得到发展。在学校体育教学中，学生的个体差异尤其明显，所以学校体育应以人为本，尊重学生个性差异，促进学生个性发展，通过对学生体育需要的引导，体育兴趣的培养，积极发展学生个性的独立性、创造性。体育教学应视学生具体情况予以个别对待、因材施教。

（一）因材施教的目的

1. 使所有学生得到提高

因材施教就是根据不同水平的学生，提出不同的教学方法，让每个学生都能进行适合自己的体育锻炼。避免了有些学生由于体会不到学习成功的乐趣从而对体育运动失去兴趣和信心。

2．使课堂效率得到提高

首先，教师事先针对不同水平的学生设计了不同的教学目标和练习，使得处于不同层次的学生都能获得学习成功、运动水平提升的喜悦，这极大地促进了教师和学生的关系，从而提高师生合作、交流的效率；其次，教师在备课时事先在各层面做了充分的准备，使得实际教学过程目标明确、针对性强，每个学生都有了练习的目标。总之，通过这一教学法，大大提高了体育课堂教学的质量和效率。

3．使教师全面能力得到提升

通过有效地组织好对各水平段的学生的教学，灵活地布置不同的层次策略，极大地锻炼了教师的组织调控和随机应变能力。不同水平段学生的教学对于体育教师来说是一种思考也是一种挑战，增加了教师对学生教学的难度。因此，使我们教师的能力得到了全面提升。

（二）因材施教的实施

1．学生分层

教师在事前或教学过程中，充分了解学生的实际情况，根据学生的知识基础、技能水平和学习态度等，将学生大致分成以下几个层次：

（1）身体素质好、有较高运动水平；

（2）身体素质好、有一定运动水平、理解能力好；

（3）身体素质一般、有一定的理解和学习能力；

（4）身体素质差、理解能力和学习能力也差。

2．备课

在学生分层的基础上，根据教材和大纲的要求，以及各层次学生的水平，对各层次的学生制定不同的教学目标；根据不同层次的教学目标，设计好教学内容与要求，技能练习并注重层次和梯度。

3．教师的教

采取"教师集体教、分层教、个别教"相结合的方针，根据备课要求，着重于（2）（3）层次的学生，实施中速推进，兼顾（1）（4）层次的优差两头，为不同水平的学生创设不同的教学环境。例如，篮球教学，我们对（1）层次学生实施多练少讲，只要努力，都能享受到成功的快乐。

4．学生的学

学生的学是因材施教的重要环节之一。课堂教学效率要提高，教师就要随时把握学生的学习活动情况，及时帮助各水平段的学生克服学习过程中的困难。因此，教师在授课过程中要运用各种练习方法和手段对学生进行练习，发现新问题，及时矫正。例如篮球教学中行进间单手低手上篮，（4）层次学生只要能基本做到就可以了，然后反复练习，提高熟练度。（3）层次学生的要求在前一类的基础上要有所提高，能很好地完成动作，然后尝试性地做延伸练习。（2）层次学生要再进一步提高要求，如完成右手上篮以后，能进行左手上篮，并在实战中适当地运用。（1）层次学生则必须很好地掌握各种上篮的技术动作，然后在实战中能灵活地运用，并成为主要的进攻手段之一。

5．个别辅导

学生练习时，要做好课堂巡回指导，及时反馈信息，在巡回指导时我们教师最常用的就是个别辅导。在学生练习时，学生常常会产生各种各样的问题，如果我们教师没有及时发现及解决的话会使我们的学生水平停滞不前甚至后退。教师一发现就应迅速解决，而且是面对面地进行，这样学生的运动水平才会提高，因为教师会针对每个学生不同的情况提出不同的建议，从而使学生能正确地练习。

6．评价

合适的评价也是因材施教过程中的一个重要环节。它是根据学生的知识水平、运动水平和学习能力的差异，实施分层考核办法。例如，篮球单手肩上投篮考核：

（1）层次学生必须在规定的时间内完成多少次跳投命中以及动作质量；

（2）层次学生在规定的时间内完成多少次原地单手肩上投篮，并命中多少次，以及动作质量；

（3）层次学生则在相同的时间内放宽要求以及动作质量；

（4）层次学生则只要按最低要求进行考核。

（三）因材施教应注意的几个问题

1．原则和方法

教师从学生的实际出发，使教学的深度、广度、进度适合学生的知识水平和接受能力，同时考虑学生的个性特点和个性差异，使每个人的才能品行都得到发展。

（1）教师对学生的接受能力、学习风气、学习态度和每个学生的兴趣、爱好、思想、身体等方面的特点，都要充分了解，以便从实际出发，有针对性地教学。

（2）教学中既要把主要精力放在面向全班集体教学上，又要善于兼顾个别学生，使每个学生都得到相应的发展。

（3）针对学生的个性特点，提出不同的要求，分别设计不同个性特点学生成才的最优方案。

2．动态管理

学生分层后的教学使教师的管理范围加大，一个时间段内不可能做到全员管理，所以课堂的不稳定因素也加大了。而进行动态调控的管理后，学生则进行自我选择，然后自我管理或相互协作管理，使教师的管理更加合理、有序。

3．学生思想负担和家长的疑虑

在这样的教学环境中势必会出现好与差的区分，同时也是对学生心态的一种考验，也对家长提出了要求。我们应在客观的情况下让学生或家长了解到我们的目的就是要让全体学生都能得到进步。什么是学，能得到有用的东西，并且自身不断进步就是学。

4．对教师提出了新的要求

教师不能简单、马虎应付一下了事，而要精心地设计课堂教学活动，针对不同层次的学生选择恰当的方法和手段，了解学生的实际需求，关心他们的进步，改革课堂教学模式，充分调动学生的学习主动性，创造良好的课堂教学氛围，形成成功的激励机制，确保每一个学生都有所进步。

5．评价方法

对各个水平段的学生必须进行不同标准、有针对性的评价，使每个学生都能了解到自己是否得到了进步。另外教师在进行客观的评价同时，还可以让学生自己进行自我评价和教师对个别学生的主观评价，使学生对自己有更进一步的认识，便于学生对自己制订后阶段的练习计划。

（四）总结

体育教学要本着以人为本、特长发展的要求，充分发挥学生的主观能动性，培养学生的体育兴趣，真正促进学生身心和谐发展。

"因材施教"与"因教而学""因材择学"相辅相成，共同促进学生的全面发展。

第四节 信息技术教学的因材施教策略

一、计算机因材施教法

（一）因材施教的指导思想及实施方法

指导思想是：应用现代教育教学理论，研究如何在计算机应用教学中发展学生的个别差异，激发学生的学习潜能，培养学生的创新思维能力，实现因材施教的教学目标。

怎样才能更好地体现因材施教的教学原则呢？

1．深入调查研究，全面了解、科学分析学生。

2．具有高度的事业心、责任感，全面关爱学生。

3．精心设计课堂教学，面向全体学生。

4．采取有效措施发挥学生特长，全面发展学生。

（二）营造生动活泼的课堂氛围

以职业学校为例。从近年来职业学校录取的学生中考分数较低的情况并结合学生进校后的实际来看，可以说，相当一部分学生对理论学习的理解、接受能力较差。但他们对实践课的动手操作能力和技能水平的接受和掌握绝不输于同年龄的普高学生。特别是在计算机课程上，很多文化课水平一穷二白的学生的操作水平却在班级数一数二。他们中绝大多数都是在初中时因为文化课差而成为不被关爱的或经常被批评一族，或者是因为感到和同年龄的人比差距太大，而感到学习无望的一族，虽然他们由于学习的压力与对成绩的不满使他们产生厌学情绪，但学习依然是他们生活的重心，他们依然渴望被关爱，依然渴望成功。我们希望通过在计算机应用教学中让他们能充分树立信心，走出心理上的一片阴霾。

（三）重视个性发展，培养创造意志

通过因材施教，可以优化计算机应用课堂结构，提高教学效率，培养学生思维创新能力，提高学生综合素质，促进学生的最优发展。也促进教师教学观念和教学方式的转变。

1. 给学生充分选择的空间，达到"以学生发展为本"因材施教的目的。

2. 调动学生学习主动性，使学生能主动参与课程及学习层次的设置和选择，突出培养学生的创新精神和实践能力，促进学生均衡和谐发展，促进学生整体素质的提高和个性的发展。

3. 激励学有余力、学有专长的学生的超前发展，实现"人人成功、个个发展"的办学目标。

4. 通过因材施教的教学方式，论证"因材施教教学"在计算机教学中的可行性，创设和谐的教学氛围。

5. 我们也必须切实转变那种在教师心灵深处积淀起来的封建专制主义的思想观念，转变传统教育中"唯师是从"的专制型师生观，构建相互尊重、相互信任、相互理解的平等、民主、合作的新型的师生关系。

（四）注重实践环节，培养自学质疑能力

计算机课作为一门知识性与技能性相结合的课程，尤其注重学生实践。上机实习时，教师应经常提出问题，让学生去解决。开始个别学生有畏难情绪，依赖性很强，希望教师给出解决问题的方法。教师应让学生自己摸索，当他们自己最终解决了问题时，会特别兴奋，有一种特殊的成就感，以后也就乐于主动探求解决问题的思路了。这样既激发了学生主动学习的积极性，又启迪了学生创造的思维；既提高了学生独立处理问题的能力，又培养了学生的创造意识。有的学生在计算机学习阶段总结中说："最大的收获就是通过基本的知识能自己摸索出别的知识与技巧。"学生的这种收获，就是教师的最大收获。

质疑，这就要求学生学得主动，学习中要善于思考，这才能有疑问。疑问解决了，学生的知识掌握就上了一个层次。

（五）因材施教，全方面培养学生综合能力

赞科夫说："教学法一旦触及学生的情绪、意志领域，触及学生的精神需要，这种教学法就能发挥高度有效的作用。"由此可见，好的教学方法对于提高课堂综合效果有着不可比拟的作用。在实验中通过调查和比较，可以发现，在计算机应用课程中因材施教，营造了良好的学习环境，让教师有了一个个性化教学的舞台，让每个学生的心理达到一个极大的满足，他们不再感到成功遥不可及，从而充分激发学生的学习兴趣，提高学习主动性；发挥了学生特长，突出学生的个性，以此留住了学生，并吸引了更多的学生。

怎样让学生去迎接学习上的挑战？怎样培养他们勇敢地去面对和熟悉一个复杂、令人迷惑不解、始终变幻的世界？怎样让学习的各个课堂成为焕发师生生命活力的场所？思考着这些问题的同时，相信在计算机应用专业的教学中，以因材施教来创设一个适合学生计算机学习的课堂，发展学生个别差异，激发学生的潜能，尊重学生个性发展，会全面提高学生综合素质，培育他们健康成长。当学生个性得到发展、综合素质全面提高、健康成长以后，他们的个人能力无疑会得到最充分的开发。

二、信息技术课程因材施教法

初中信息技术课程是一门崭新的学科，如何加强初中信息技术课教学，提高学生的科学素质是初中教学研究中的一个既非常重要又非常迫切的课题。笔者经过几年的信息技术课教学实践总结了几点做法：

（一）培养兴趣，激活和加速学生的认知活动

兴趣是最好的老师，是推动人们去寻求知识、探索真理的一种精神力量，在课堂教学中，激发学生的学习兴趣，必然会激活和加速学生的认知活动。

信息技术课是一门实践性和实用性非常强的学科，相较其他传统学科，它的内容丰富有趣，最能吸引学生的兴趣和好奇，若能充分利用信息技术课的趣味性，则可大大提高学生的兴趣，激发学生的求知欲望。

在上机时，可以确定一些有意思的上机目标，让学生为了这个目标而去探索它的实现方法，尽量将探究知识的主动权交给学生，给他们多一些求知的欲望，多一些学习的兴趣，多一些表现的机会，多一份创造的信心，多一份成功的体验，给学生一种到达成功彼岸的力量。

例如，在学习 Word 文字处理时，可以让学生设计自己的名片，或者设计一份板报；在学习 Excel 电子表格时，可以让学生对自己的生活花费进行统计，课外兴趣小组活动时，可引导学生用 Excel 进行班级成绩的整理，学习情况的数据分析，班级通讯录的制作；在学习 PowerPoint 时，可以让学生做一个介绍家庭或学校的多媒体演示文稿；对于一些游戏在适当的时候也可以让学生玩，但不要告诉他们玩法，让他们自己去探索，引发学生的好奇心和求知欲。从而调动学生学习的积极性，使学生自觉投入参加学习，激发进取心。我有时也从光盘上或到其他学校去找一些有利于学生智力发展的小游戏，把这些游戏在学生完成学习任务后给他们玩，让学生既巩固了所学知识，又提高了学习兴趣，并有助于智力发展。

这样不但掌握了规定的信息技术知识和达到了规定的操作技能水平，还从游戏中学到了许多其他的知识。目前信息技术课已经成为我校学生十分喜欢的课程之一。

（二）精讲多练，让学生在不知不觉中掌握知识和技能

信息技术课程是一门实践性非常强的课程，如果不注重其特点，在信息技术课堂上教师不厌其烦地讲，学生无可奈何地听，其结果往往是吃力不讨好——费劲不小，效果不好。因此，在初中信息技术课教学中，用"纸上谈兵"的传统教学法显然是不可行的，最重要的应该是"精讲多练"，也就是要求教师用通俗精练的语言把相关概念、知识点及操作要点讲清楚（有时可借助于大屏演示），学生听懂后要尽可能多一些上机进行实践训练。大纲规定了学生上机时间不少于总学时的70%，这就是说这门课程的学习，多半时间是在学生上机训练中进行的，学生上机要通过手、眼、心、脑并用而使大脑形成的强烈的专注，使大脑皮层产生高度的兴奋点。学生通过上机体会各种功能、分析操作方式，容易产生一种成就感，激发强烈的求知欲，还能培养勇于进取、独立探索的能力。

多上机进行实践和训练，学生会在不知不觉中掌握所要学习的知识和技能。但现在很多学校（尤其是农村学校）的情况是学生上机达不到一人一机，实际上是二人一机或三人一机，上机的机会少，很多学生学习信息技术的兴趣就会慢慢减弱。在这种情况下，更要想方设法调动学生的情绪，让学生加强训练，提高上机训练的效率。例如，我在讲授"文档的美化"这一节课时考虑到，本节主要内容是让学生掌握图片工具栏、绘图工具栏、艺术字工具栏等三个工具栏的使用方法。如果每个工具栏的各处按钮都面面俱到地逐个讲解演示，那么三个课时也完成不了。我们仔

细观察这三个工具栏的按钮可知，有不少按钮的功能相同或相近，这样演示一个就解决了一对或更多，还有利于培养学生知识迁移的能力，再在每个工具栏上找一个重点按钮演示，总共只需要6-8分钟的时间，其他按钮可以让学生自己在上机练习中去探索、尝试和体会。然后立即给学生布置任务，马上练习，观察学生所做的练习，一般会取得比较满意的效果。

在训练过程中，教师要想方设法创造条件让学生能全身心地投入其中。练习时，当学生稍有进步或完成某件自己的作品时，要给予肯定、表扬和鼓励，这样能随时用成功的喜悦去保持和调动学生的兴趣和积极性，必然能引导学生自觉或不自觉地加快情绪的投入，并敢于通过计算机大胆操作和实践，尽情发挥自己的理解力、想象力和创造力，提高动手应用和创新能力，培养挖掘学生各方面的素质，能很大程度地提高教学效果。某教师在教键盘练习时，采用了使用多种指法练习软件，还进行了指法和指法游戏的比赛等形式多样的练习，使学生产生新鲜感和好奇心。为了增强课堂效果，在教学中，先熟悉键盘，再熟悉软件。接着就进行指法游戏比赛，使他们在玩中练，练中学，学玩结合。为了给学生们信心，在课堂上及时公布学生成绩，并鼓励操作成绩不理想的人。这样，一下子就把学生的积极性调动起来了，使被动的学习情境，变成了愿意学、主动学的情境。

（三）因材施教，充分发展所有学生的个性和创造性

我国古代著名教育家孔子早已提出了因材施教的教学原则，信息技术课的特点也决定了只有在教学过程中"因材施教"，才能使所有学生的个性和创造性尽可能地发展，才能全面提高教学质量。

1．因"材"而异定教法

"教无定法，但教定要有法"。这是各科教学必须遵守的一个通用原则。在信息技术教学实践中，以有利于学生学习为原则，根据不同的教学内容灵活采用以下几种不同的教学方法：

（1）讲授教学法

讲授教学法就是教师对知识进行系统地讲解。这种教学方法主要运用于信息技术常识性的知识教学。如教学计算机的发展史、计算机的组成、计算机的日常维护和病毒预防以及计算机的用途等。这种教学方法也同样适用于计算机操作性知识的原理讲解和操作步骤的讲解，如讲画图中的复制粘贴，先用讲授法讲复制粘贴在画图中的实际意义，然后再讲复制粘贴的操作步骤。

（2）示范教学法

示范教学法就是教师操作，学生从教师的示范性操作中学习操作的步骤和方法。在信息技术学科教学中，可以把这种教学方法主要应用在两方面：一方面是操作姿势的示范，如，操作计算机的坐姿、操作键盘的指法、操作鼠标的指法；另一方面是计算机软件的使用方法和操作步骤的示范。教师可以借助计算机投影仪或网络教学系统进行一步一步地演示。这种教学法能够很直观地让学生从教师的示范操作中学到操作方法，从而完成学习任务。

（3）同步教学法

同步教学法就是要求学生在教师的指导和讲解下同时进行同样的操作，一步一步直到完成整个操作过程，学生在操作中掌握所学知识和操作内容。只是应用这种教学法进行教学，教师在教学中要控制好课堂纪律，找好在操作完成某一项具体操作任务和进程中的每一步操作的关键地方。在讲解时，除了讲解具体功能及作用外，由于学生没有直观的视觉参照，还要强调每一步操作鼠标所指向和点击的具体位置，为了让每一名学生都能完成操作，教师要找好参照物或说清楚具体方位，也可让相邻同学互相帮助找。用这种教学模式，教师一定要控制好操作进度，决不能出现一些同学操作在前，一些同学操作在后，这样是无法进行教学的。所以要充分搞好组织教学，提倡互助互学，发扬传（一个同学会了立刻传授给旁边的同学）、帮（对于极个别操作有困难的学生，旁边的同学要进行帮助）、带（教师要有意识地培养一些优等生，让他们带动周围一片）。这样，不仅其教学效果较好，还会营造一种良好的学习氛围。否则应用这种教学方法进行教学不但不会有效果，而且会使课堂很乱，教师上课很吃力。当然，如果有条件的话（有计算机投影仪），可以让学生与教师同步进行操作，教师在教师机上操作（边操作边讲解），通过计算机投影仪展示给学生看，学生则跟着教师的操作和讲解一步一步地操作，直到完成整个操作过程，这样，教师讲解轻松，学生一听就能明白，教学效果会非常好。

（4）探索式教学法

探索式教学法就是针对某一特殊的教学内容，教师先进行简单提示或不作讲解，只是给学生一个任务，让其自己完成，让学生在完成任务的过程中探索知识，完成学生任务。应用这种教学方法，学生在探索过程中，教师应扮演好引路人和鼓手两个角色，多鼓励学生去探索和发现解决问题的方法，多去给学生创造一些让学生去探索和发现解决问题的条件，多去帮助和开导后进生的思路。使探索过程顺利地进行下去。

2．因"人"而异定教法

因"人"而异定教法，就是面对不同的学习对象，运用不同的教学方法。如对初涉信息技术课的初一学生，要用慢步子、勤练习、多回顾的方法，多采用示范法、同步法等组织教学。在教学时，教师必须有耐心，扶着学生前进，并加强技能训练，进行多种方式的知识回顾，多给学生成功的表现机会，对一些接受慢的学生要更多地个别指导，让学生对信息技术学习充满信心。对有一定基础的初二、初三学生，随着自学能力的增强，则应多采用同步式、探索式、四段式的教学方式。教师精讲重点部分，其余让学生自我探索，争取自我创新。如，Powerpoint教学中关于字体、图片等的教学，由于在 Word 的教学中均已经涉及相关内容，教师只需稍作点拨，然后让学生自己去操作，接着评议作品，让做得好的同学说说方法，然后进一步练习操作，最后教师只需稍做小结。再如申请免费电子邮箱，这类操作在互联网应用学习中非常多，而且一般网站导航非常明确，教师一般只需引导学生寻找到注册界面，剩下的由学生自己完成，培养学生获取信息和处理信息的能力。

另外，我们的学生来自不同家庭，毕业于不同的小学，有的学生小学学过计算机课，有的家里有计算机，有的学生进行过专门培训，有的则从未接触过计算机。针对这种状况，在教学中，可以根据学生素质情况进行分组，通常每小组安排一两名基础好、接受能力较强的学生，教师可以让他们去指导小组中的其他同学学习，部分计算机基础较好的学生也可以选出作为班级辅导员。对基础不好、接受能力稍差点的学生，我解决的办法因人而异，有时我个别指导，有时让"小老师"指导，还有时让他观看其他同学的精彩表演，耳濡目染，让他们一点点进步。

还应该看到学生是有种种兴趣倾向的，在组织教学时应有所侧重，喜欢音乐的同学可以给他们布置 MIDI 制作方面的任务，有美术特长的同学可以给他们提供学习图像处理的机会，喜欢编程的同学可以单独为他们讲点编程。上机实习时，我根据学生的不同水平、不同特长安排不同层次、不同类别的练习与实践，如让基础好的学生学习 C 语言，让没有接触过计算机的学生练习指法、输入汉字等，并给予相应的指导，使他们分别得到提高。这样对学生因材施教，可使不同层次的学生在不同的层面得到最大限度的提高。

（四）及时反馈，不断激励

对于学生的学习成果，教师应及时评价，教师在上课前可以设定各班共享文件夹，让学生把完成的作品保存其中，学生可以互相浏览作品，教师也能及时在课堂上进行评点。要特别注意，不仅要指出学生的优点，也要看到学生的弱点，这样学生的创新能力和自学能力才能得到充分的发挥。通过对作品的及时评价与反馈，让学生及时填漏补缺，将作品修改提高，再次提高学生学习的积极性，掀起学习高潮。

教师对于每个学生每完成一个任务，都必须交流展示，大家讨论评点，及时对学生的学习情况做出反馈。评价的内容包括：是否完成了对新知识的理解、掌握、熟练应用；学生自主学习的能力；同学间相互协作的能力；创造性解决问题的能力；等等。

（五）端正教育理念，注重学生素质能力的培养

教师应该端正教育理念，教学时应着重培养学生的素质能力。21 世纪是一个瞬息万变的时代，信息技术学科由于知识更新快、内容变化大，仅靠书本上的知识是没办法教好学生的。如果我们采用传统的教学方法，辛辛苦苦教给学生的只能是知识，而随着信息技术内容的更新，当学生学会这些知识时，这些内容可能早已淘汰了。俗话说"授人以鱼，不如授人以渔"，因此我们在教学中应把培养学生自主获取知识的能力放在首位，不能像其他学

科一样把传授知识放在首位。教学中我们既要教会学生应该掌握的知识，更重要的是让学生学会获取这些知识的方法，让学生真正掌握的是信息技术，而不是信息技术中的书本知识，达到"授人以渔"、使其受益终生的目的。